EINFACH TOLL!

Lehrbuch 2

Patricia M Smith
Deputy Head
St Aidan's CE High School, Preesall, Nr Blackpool
formerly Head of Languages
at St Wilfrid's CE High School, Blackburn

Project Co-ordinator
Philip Wood, Deputy Director
Institute of European Education
S. Martin's College, Lancaster

STANLEY THORNES (PUBLISHERS) LTD

Einfach toll!

The five stages of the course at a glance

TOPICS				
STAGE ONE	STAGE TWO	STAGE THREE	STAGE FOUR	STAGE FIVE
Personal information 1 & 2 Finding the way 1 Food and drink 1 Shopping 1 & 2 Travel 1, 2 Numbers, money and time	Accommodation Finding the way 2 Banks and post offices Leisure and pleasure Illness, injury and emergency Food and drink 2	Arrival on an exchange visit Family and home Sport and hobbies Places of entertainment School Occupations	House and hometown Shopping and lost property Fashion and presents Holidays and weather Tourist information and accommodation Festivals and farewells	Personal information House and hometown Life at home Travel to and around Berlin Holidays and exchange office Food and drink and shopping Health and welfare and accidents Having things repaired and cleaned Social relationships and current affairs Free time and entertainment Education and future career

COMPONENTS		STAGE 1	STAGE 2	STAGE 3	STAGE 4	STAGE 5
Coursebook	Contains presentation material, dialogues, oral activities and some basic exploitation material. Stages 3 and 4 are set in Pegnitz on an exchange visit and also include GCSE and GCSE-type questions.	Coursebook 1	Coursebook 2	Coursebook 3	Coursebook 4	Coursebook 5
Teacher's Book **Worksheet Book**	Elements: (a) Full notes on presentation and exploitation of the materials. (b) Transcripts of listening comprehension material. (c) Photocopiable worksheets containing listening and reading comprehension, puzzles and games. (d) Pupil profile blanks (also photocopiable). (e) Photocopiable GCSE and GCSE type questions	Teacher's Book 1 (a, b, c, d)	Teacher's Book 2 (a, b, d)	Teacher's Book 3 (a, b, c, d, e)	Teacher's Book 4 (a, b) Worksheet Book 4 (c, d)	Teacher's Book 5 (a, b) Worksheet Book 5 (c, d)
Cassettes	Contain dialogues, listening materials and songs.	Set of cassettes for Stage 1	Set of cassettes for Stage 2	Set of cassettes for Stage 3	Set of cassettes for Stage 4	Set of cassettes for Stage 5
Flashcards	Pictorial starting points for language work, especially presentation of 'new' items.	Set of flashcards for Stage 1	Set of flashcards for Stage 2	Set of flashcards for Stage 3	—	—

First published in 1986 by
Stanley Thornes (Publishers) Ltd
Old Station Drive
Leckhampton
CHELTENHAM GL53 0DN
England
Reprinted 1987, 1989, 1990, 1991, 1992

Typeset in 11/13 Palatino by Tech-set, Gateshead,
Tyne & Wear.
Printed and bound in Great Britain at The Bath Press, Avon.

British Library Cataloguing in Publication Data

Smith, P.M.
Einfach toll!
Pupils Bk 2
1. German language—Text-books for foreign speakers—English
I. Title
438 PF3112

ISBN 0-85950-559-6

Contents

N.B. Language items for understanding only, rather than for active use, are shown in italics.

Main language forms: Wann ist die nächste [Gruppenführung]? • Was kostet [eine Rundfahrt]? • Gibt es [Kinderermäßigung]? *Ja, für [Kinder] [bis] [vierzehn Jahre].* [Wie lange] [muß ich] warten ? *[Sie müssen] [etwa zehn Minuten] [Schlange stehen].* • [Wie oft] fährt [das Schiff]? *Alle [zwanzig Minuten].* • Was kostet eine Fahrt mit [einem Ruderboot]? *Es kostet [DM 5,00] [pro] [Stunde].*

Q Wie geht's? Illness, injury and emergency 62

Language use: Indicating the precise nature of illness or injury and responding to advice • Replying to questions asked and advice given in a surgery or hospital • Taking appropriate steps in an emergency. • Obtaining items from the chemist. • Understanding relevant notices.

Main language forms: [Er ist] [krank]. • Wo finde ich [eine Apotheke]? • *Wo tut es [dir] weh?* • [Mein] [rechter Arm] [tut] weh. • *Wie geht es [ihm]?* Es geht [ihm] [besser]. • *Was fehlt [ihr]?* [Sie] hat [eine Erkältung]. • *[Haben Sie] [einen Krankenschein]?* • *[Er muß] [eine Woche] im Bett bleiben.* • Ich habe [Kopfschmerzen]. • Ich brauche [etwas] gegen [Zahnschmerzen]. • *[Nehmen Sie] [die Tabletten] [zweimal] täglich [vor] dem Essen.* • [Kann ich] [den Zahnarzt] sprechen? • *Heute geht es nicht. Kommen Sie morgen wieder.* • Bitte holen Sie [einen Krankenwagen].

R Hat es geschmeckt? Food and drink 2 74

Language use: Asking for a table in a restaurant. • Ordering items of food and drink. • Settling the bill. • Responding to questions posed by the waiter/waitress. • Understanding the menu.

Main language forms: Ich möchte einen Tisch für [zwei] Personen. • Ist hier noch frei bitte? • *Ich komme gleich.* • *Haben Sie schon gewählt?* • [Ich möchte] ein [kleines Bier]. • [Zweimal] [Wiener Schnitzel] mit [Salat] für [den Herrn]. • *Für wen? Für Sie?* • *Was möchten Sie als Nachspeise?* • *Hat es geschmeckt?* • *Zusammen oder getrennt?* • Ist das mit Bedienung?

Acknowledgements

Einfach toll! has been produced with the collaboration of the Institute of European Education, S. Martin's College, Lancaster, and with the help and support of the Lancashire Education Committee and their Modern Languages Adviser, Derrick Mackereth. The following teachers from Lancashire and Cumbria contributed material to the worksheets:

Lancashire
Roger Bickle, Morecambe High School, Morecambe.
Ann Cockram, Wellfield High School, Leyland.
David Fletcher, Mansfield High School, Brierfield.
Clive Hurren, Priory High School, Burscough.

Cumbria
Keith Hollingsworth, The Lakes School, Windermere.
Chris Whinnett, Ulverston Victoria High School, Ulverston.

The author is grateful to all those mentioned above and would also like to thank:
—Elizabeth Alison (Westcliffe High School for Girls) for her very valuable contribution towards the materials, including the words and music of the songs on pages 21, 45, 71 and 90.
—Clive Hurren (seconded to the IEE, S. Martin's College, Lancaster, by Lancashire Education Committee) for his invaluable assistance, particularly with the writing of the worksheets and Teachers' Notes;
—Greg Smith for providing the photographs and the Wurst cartoons, and also for his help and support throughout the project;
—Phil Wood and all others associated with the project, for their help and advice.

With authorisation taken from 'Eine Kleine Deutschmusik', text of the song 'Wo ist hier ein Restaurant?' by Uwe Kind, Langenscheidt–Verlag, New York, Berlin, München.

Ferien in Deutschland

L

Herzlich willkommen in St. Goar

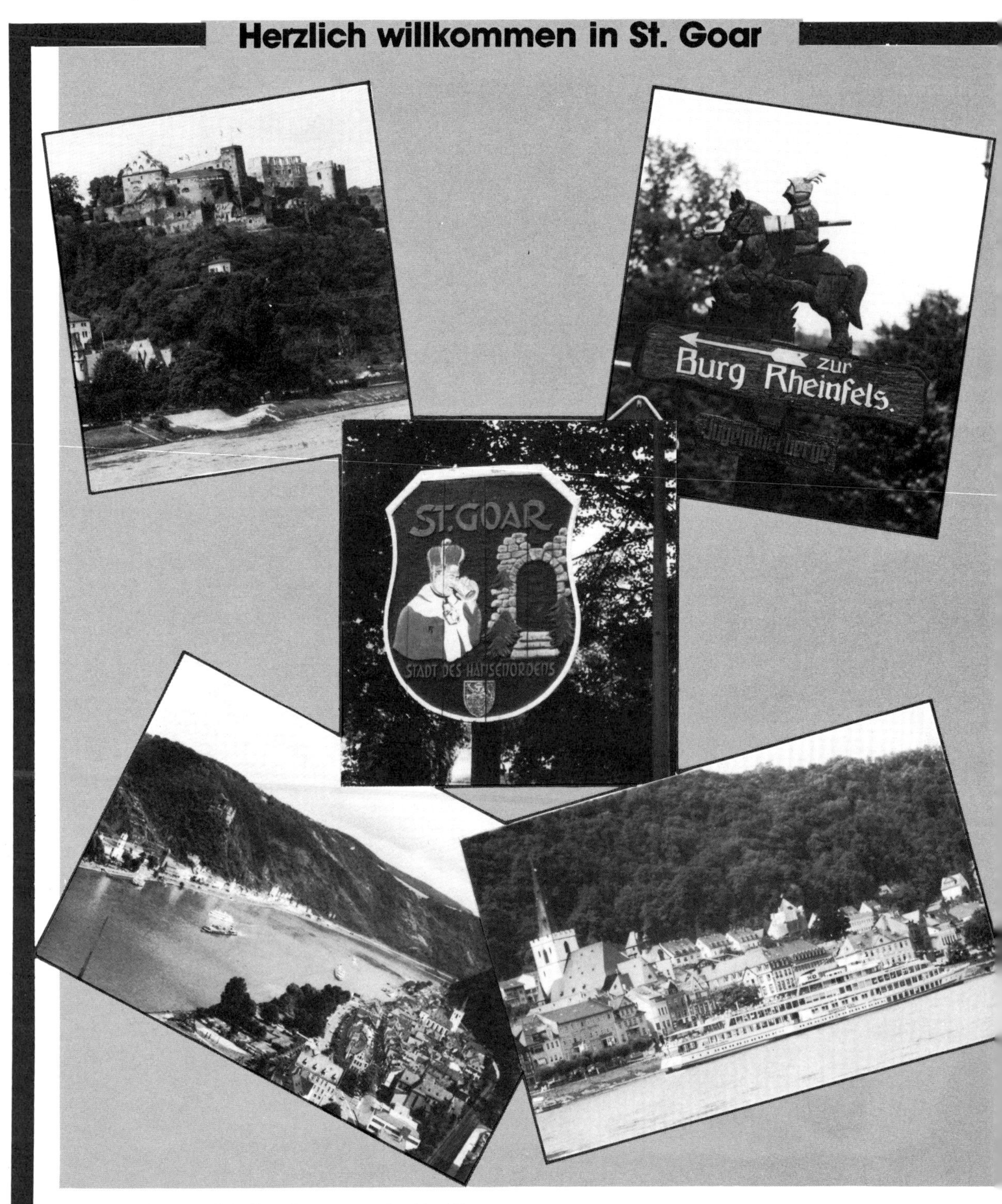

Herr und Frau Müller kommen in St. Goar an.

Herr Müller: Entschuldigen Sie bitte! Gibt es ein Verkehrsamt hier in der Nähe?

Frau: Ja, gleich links um die Ecke.

Im Verkehrsamt

Herr und Frau Müller suchen ein Hotel für eine Nacht.

Familie Kleist sucht eine Pension für eine Woche.

Paul sucht eine Jugendherberge für zwei Nächte.

Familie Geisler sucht einen Campingplatz für zwei Wochen.

Gibt es	ein Verkehrsamt ein Hotel eine Pension eine Jugendherberge einen Campingplatz	hier in der Nähe?

L

Haben Sie ein Zimmer frei?

Im Hotel zum Goldenen Löwen

Empfangsdame: Guten Tag!

Herr Müller: Guten Tag! Haben Sie ein Zimmer frei?

Empfangsdame: Für wie lange?

Herr Müller: Für eine Nacht.

Empfangsdame: Ein Einzelzimmer oder ein Doppelzimmer?

Herr Müller: Ein Doppelzimmer bitte.

Empfangsdame: Mit Bad oder mit Dusche?

Herr Müller: Mit Dusche.

Empfangsdame: Ja, möchten Sie das Zimmer sehen?

Herr Müller: Ja, gerne . . .
Ja, schön. Was kostet es?

Empfangsdame: Eine Übernachtung mit Frühstück kostet vierzig Mark pro Person.

Herr Müller: Ja, das nehme ich.

Haben Sie ein Doppelzimmer frei?

Übung 1 Beantworte die Fragen.

1. Wo sind Herr und Frau Müller?
2. Was für ein Zimmer brauchen sie?
3. Möchten sie ein Zimmer mit Bad?
4. Wie lange bleiben sie da?
5. Was kostet eine Übernachtung mit Frühstück für Herrn und Frau Müller?

Übung 2 Stell die richtige Frage.

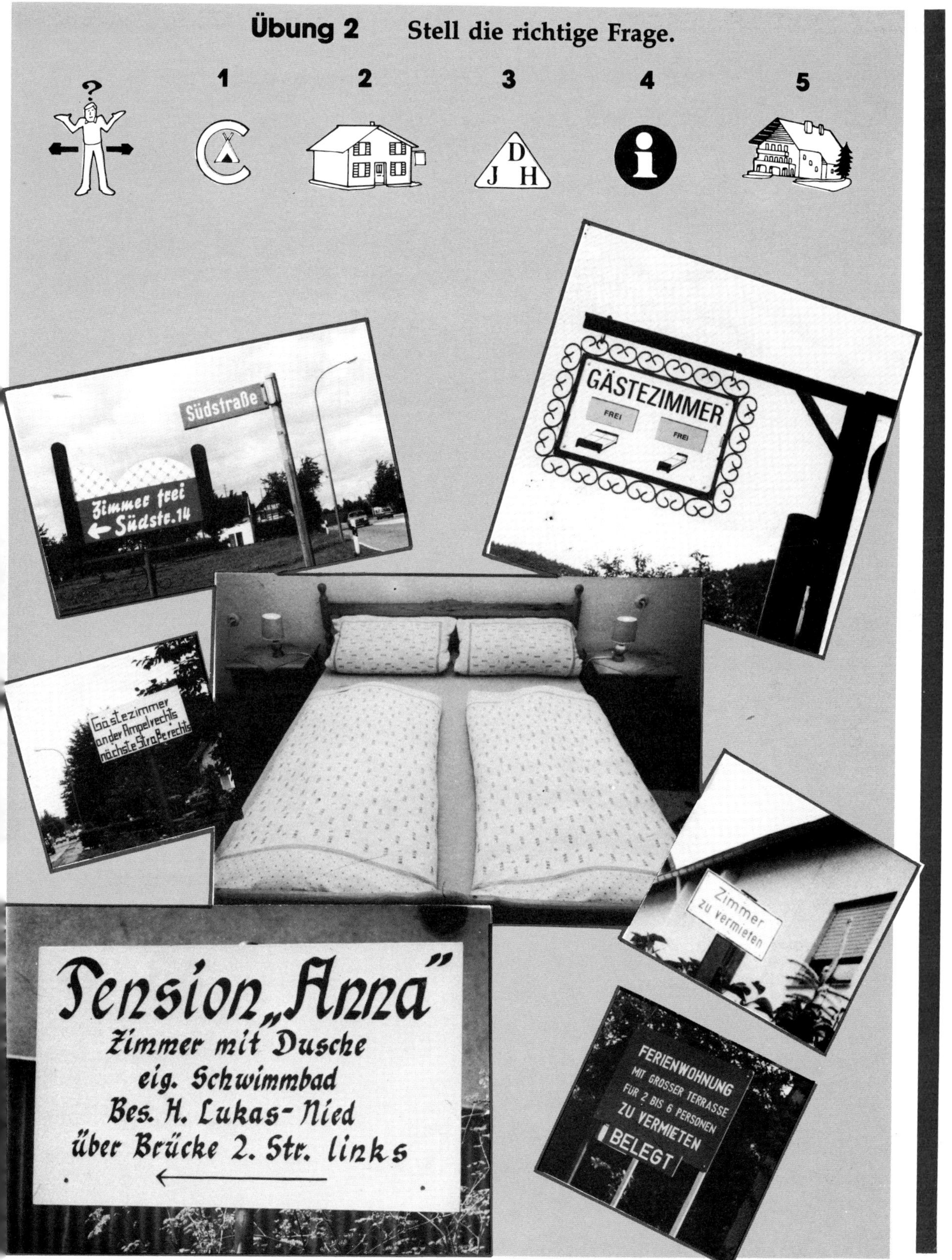

L

In einer Pension

Frau Kleist: Guten Tag! Haben Sie zwei Zimmer frei?

Inhaber: Für wie viele Personen?

Frau Kleist: Für zwei Erwachsene und ein Kind – ein Doppelzimmer und ein Einzelzimmer.

Inhaber: Und für wie lange?

Frau Kleist: Für eine Woche.

Inhaber: Ja, ich habe ein Doppelzimmer mit Balkon und ein Einzelzimmer im ersten Stock.

Frau Kleist: Was kostet es?

Inhaber: Mit Voll- oder Halbpension?

Frau Kleist: Mit Halbpension.

Inhaber: Zweihundertfünfzig Mark pro Person pro Woche. Möchten Sie die Zimmer sehen?

Frau Kleist: Ja, gerne.

Inhaber: Kommen Sie bitte mit . . .

Frau Kleist: Ja, die Zimmer sind toll. Die nehmen wir. Und wo ist das Badezimmer?

Inhaber: Hier links, und der Speiseraum ist im Erdgeschoß.

Übung 3 Beantworte die Fragen.

1. Wo ist Frau Kleist?
2. Was für Zimmer sucht sie?
3. Für wie viele Personen?
4. Für wie lange?
5. In welchem Stock sind die Zimmer?
6. Welches Zimmer hat einen Balkon?
7. Möchte sie Vollpension oder Halbpension?
8. Was kostet es für Familie Kleist?
9. Gefallen ihr die Zimmer?
10. Wo ist der Speiseraum?

Übung 4 Wer sucht was?

Beispiel

Frau Bintsch möchte ein Einzelzimmer mit Dusche.

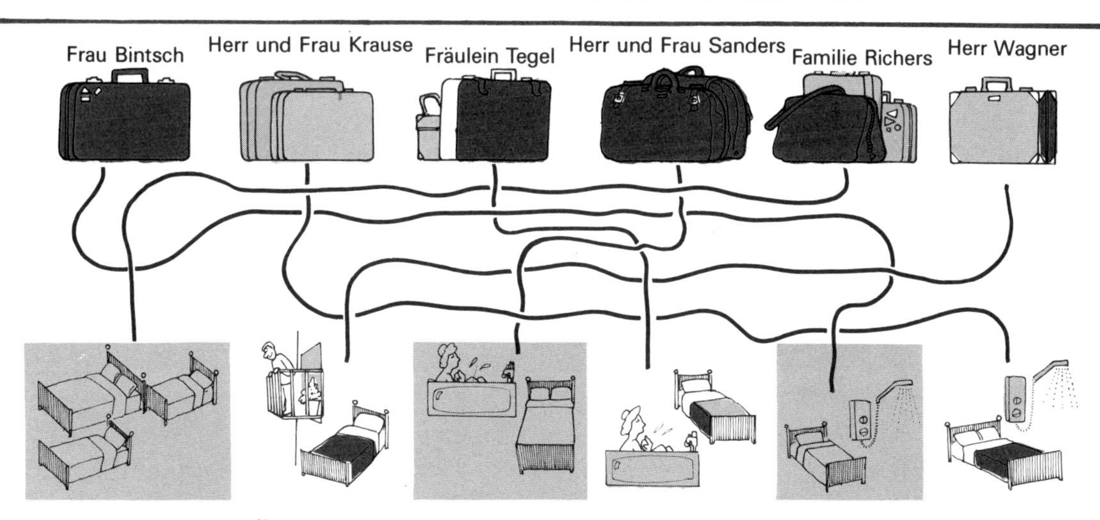

Übung 5 Haben Sie ein Zimmer frei?

Arbeite mit einem Partner oder einer Partnerin zusammen.

Beispiel

Du: Haben Sie ein Zimmer frei?
Partner(in): Was für ein Zimmer möchten Sie?
Du: Ich möchte . . .

1 **2** **3** **4** **5**

Haben Sie ein Zimmer frei?

Ich möchte	ein Einzelzimmer ein Doppelzimmer	mit	Bad. Dusche. Balkon.

Möchten Sie das Zimmer sehen?

Kommen Sie bitte mit.

Was kostet es?

Es kostet . . .	pro	Person Nacht Woche	mit	Vollpension Halbpension. Übernachtung und Frühstück.

L

Übung 6 Dialogspiele

Dein(e) Partner(in) ist der(die) Inhaber(in).

Inhaber(in):

Du: (a) (b)

Inhaber(in): Mit Bad?

Du: (a) (b)

Inhaber(in): Für wie lange?

Du: (a) ×1 (b) ×7

Inhaber(in): Ja, möchten Sie das Zimmer sehen?

Du:

Inhaber(in): Kommen Sie bitte mit.

Du: ?DM

Inhaber(in): Eine Übernachtung mit Frühstück kostet DM 30 pro Person.

Du:

Übung 7 Beschädigte Schilder

Würstchen hat die Schilder im Hotel Wurstblick beschädigt.
Kannst du die Schilder sowieso verstehen?

Wenn das Verkehrsamt geschlossen ist, findet man oft Zimmernachweis auf einer Tafel vor dem Verkehrsamt oder in der Stadtmitte.

Man kann auch verschiedene Schilder suchen.

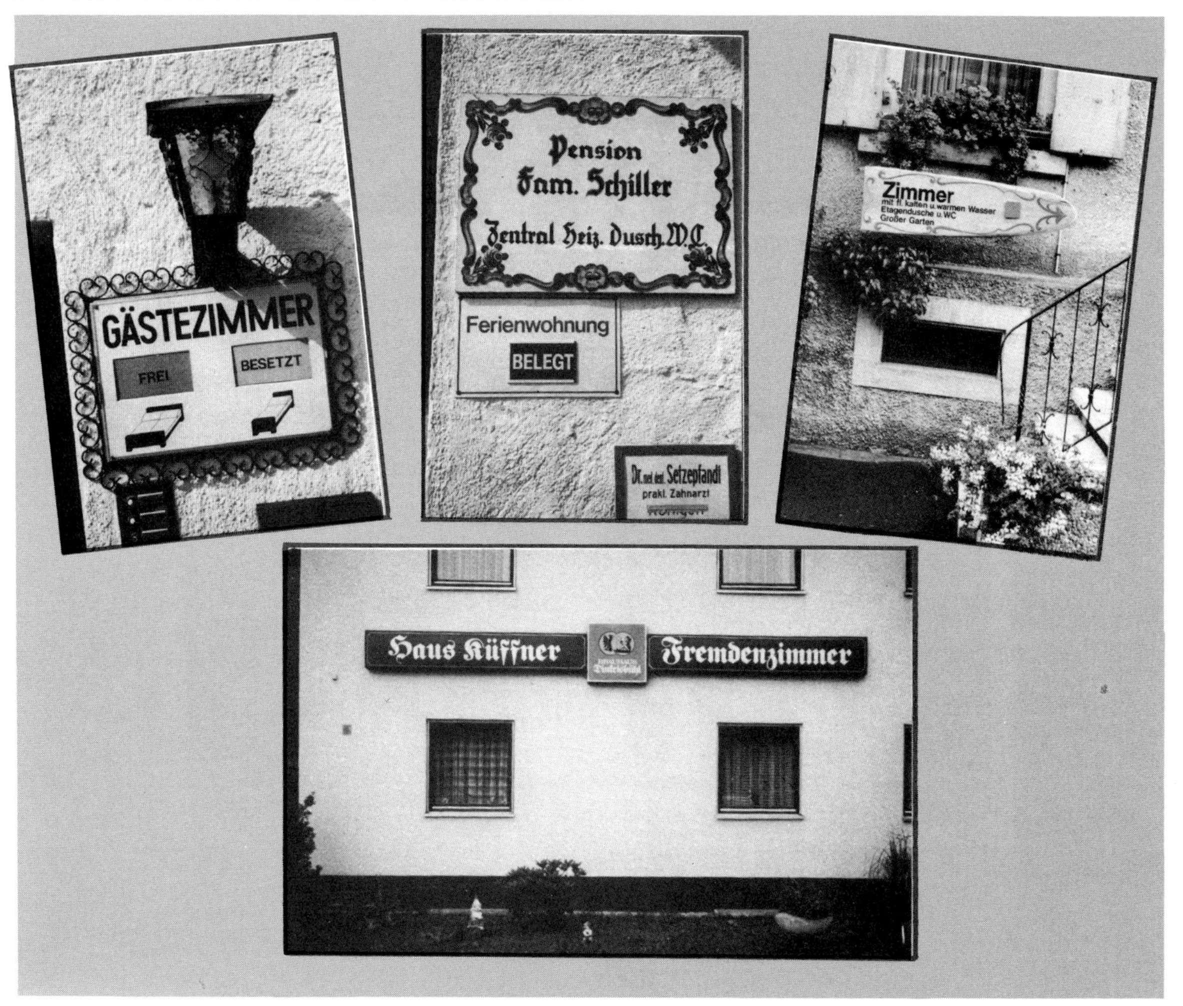

L

L

Haben Sie einen Platz frei?

Ankunft auf dem Campingplatz

Platzwart: Grüß Gott!

Herr Geisler: Grüß Gott! Haben Sie einen Platz frei?

Platzwart: Ja, für einen Wohnwagen oder für ein Zelt?

Herr Geisler: Für ein Zelt.

Platzwart: Und für wie lange?

Herr Geisler: Für zwei Wochen.

Platzwart: Wie viele Personen sind Sie?

Herr Geisler: Vier – meine Frau, meine zwei Kinder und ich.

Platzwart: Es kostet drei Mark für die Erwachsenen, zwei Mark für die Kinder, zwei Mark für das Auto und drei Mark für das Zelt. Das macht fünfzehn Mark pro Nacht. Kommen Sie bitte mit . . .

Herr Geisler: Wo sind die Toiletten?

Platzwart: Die Toiletten und der Waschraum sind dort drüben dem Schnell-Imbiß und der Bar gegenüber.

Übung 8 Was ist richtig, was ist falsch?

Verbessere die falschen Sätze.

1. Herr Geisler ist in einem Verkehrsamt.
2. Er sucht einen Platz für einen Wohnwagen.
3. Familie Geisler bleibt zwei Nächte auf dem Campingplatz.
4. Herr Geisler hat drei Kinder.
5. Er bezahlt fünf Mark pro Nacht für das Auto und das Zelt.
6. Die Toiletten sind dem Waschraum gegenüber.
7. Der Schnell-Imbiß ist dem Waschraum gegenüber.
8. Es kostet die Familie DM 210,00 für zwei Wochen.

Übung 9 Stell die richtige Frage.

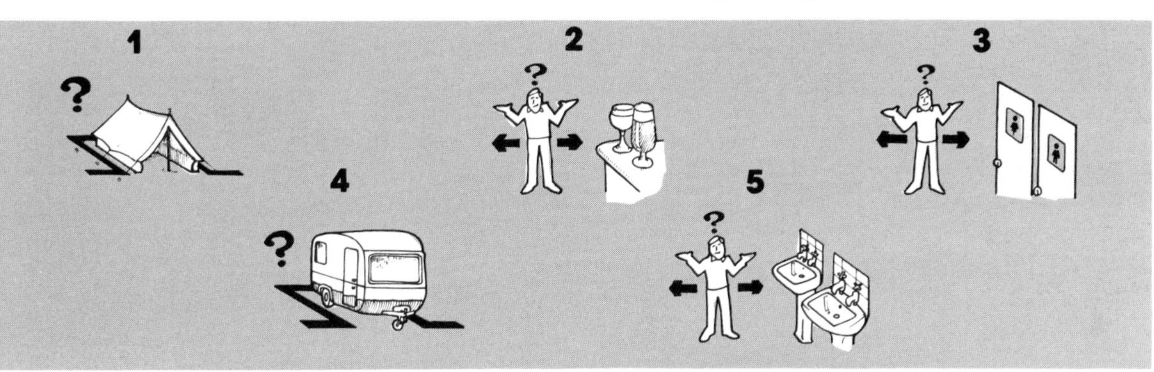

Haben Sie einen Platz (frei)	für	ein Zelt? einen Wohnwagen?

Für wie viele Personen?	für	eine Person. zwei Personen. zwei Erwachsene. ein Kind. zwei Kinder.

Wo ist	der Speiseraum? der Waschraum? die Bar? das Badezimmer?
Wo sind die	Toiletten? Duschen?

L

L

In der Bundesrepublik Deutschland gibt es mehr als 570 Jugendherbergen. In Österreich und in der Schweiz gibt es auch viele. Einige sind in der Stadtmitte, andere sind auf dem Land. Einige sind neu und modern (wie das Jugendgästehaus in Oberwesel) und andere befinden sich in alten Burgen (wie die Jugendburg in Bacharach am Rhein).

Jugendburg Stahleck, Bacharach am Rhein

Auskunft gibt's beim:

Nicht nur junge Leute sondern auch Erwachsene können in Jugendherbergen übernachten. (Nur in Bayern muß man unter 27 Jahre alt sein). Man muß einen gültigen Mitgliedsausweis haben. Der Ausweis ist beim Eintreffen in der Jugendherberge abzugeben.

Ankunft in der Jugendherberge in St. Goar

Alles besetzt!

Herbergsmutter: Guten Tag!

Paul: Guten Tag! Haben Sie einen Platz frei?

Herbergsmutter: Leider nicht. Alles besetzt bis Montag.

Paul: Wo ist die nächste Jugendherberge?

Herbergsmutter: In Oberwesel. Acht Kilometer.
Und die übernächste ist in Bacharach.

Paul: Danke schön. Auf Wiedersehen!

Im Jugendgästehaus in Oberwesel

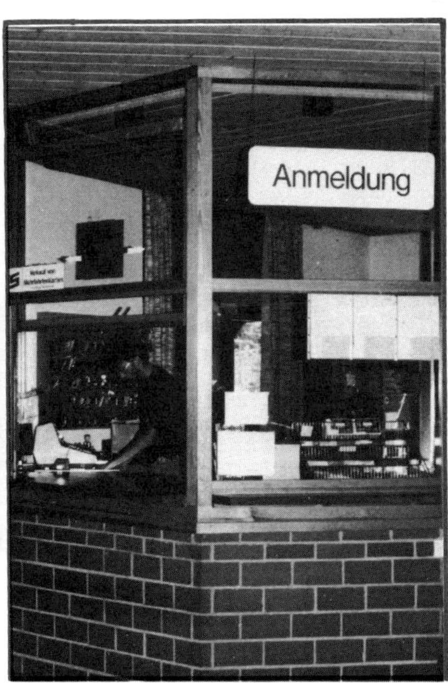

Herbergsvater: Guten Abend!

Paul: Guten Abend. Haben Sie noch einen Platz frei?

Herbergsvater: Für wie lange?

Paul: Für zwei Nächte.

Herbergsvater: Ja, Ihren Ausweis, bitte?

Paul: Bitte sehr.

Herbergsvater: Gut, füllen Sie bitte dieses Formular aus.

Paul: Was kostet es?

Herbergsvater: Zehn Mark achtzig pro Nacht für ein Bett in Zimmer Nummer zehn. Das ist ein Zimmer mit Dusche für vier Personen.

Übung 10 Was ist richtig, was ist falsch?

Verbessere die falschen Sätze.

ein Ausweis

1. Die erste Jugendherberge ist voll.
2. Die nächste Jugendherberge ist acht Meter entfernt.
3. Paul findet einen Platz in der nächsten Jugendherberge.
4. Er muß dem Herbergsvater seinen Ausweis zeigen.
5. Er bezahlt DM 21,60 für zwei Nächte.
6. 10 Personen schlafen in Zimmer Nummer 4.

L

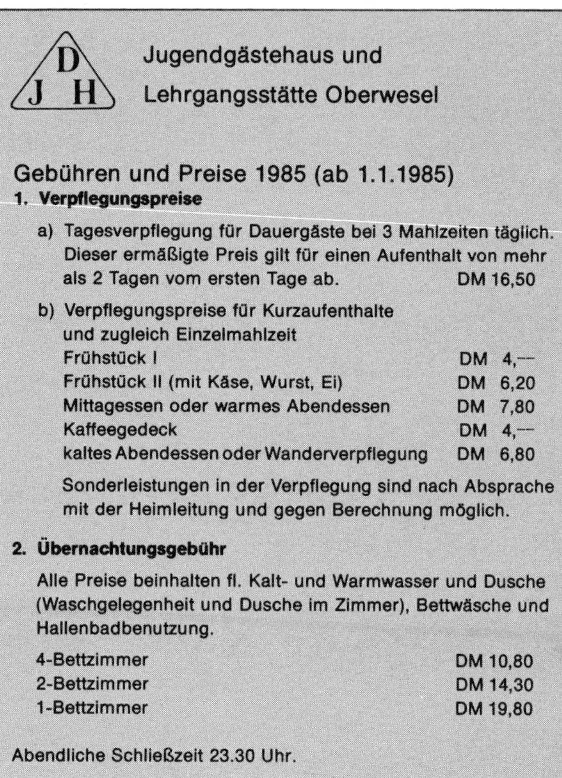

D J H Jugendgästehaus und Lehrgangsstätte Oberwesel

Gebühren und Preise 1985 (ab 1.1.1985)

1. Verpflegungspreise

a) Tagesverpflegung für Dauergäste bei 3 Mahlzeiten täglich. Dieser ermäßigte Preis gilt für einen Aufenthalt von mehr als 2 Tagen vom ersten Tage ab. DM 16,50

b) Verpflegungspreise für Kurzaufenthalte und zugleich Einzelmahlzeit

Frühstück I	DM 4,--
Frühstück II (mit Käse, Wurst, Ei)	DM 6,20
Mittagessen oder warmes Abendessen	DM 7,80
Kaffeegedeck	DM 4,--
kaltes Abendessen oder Wanderverpflegung	DM 6,80

Sonderleistungen in der Verpflegung sind nach Absprache mit der Heimleitung und gegen Berechnung möglich.

2. Übernachtungsgebühr

Alle Preise beinhalten fl. Kalt- und Warmwasser und Dusche (Waschgelegenheit und Dusche im Zimmer), Bettwäsche und Hallenbadbenutzung.

4-Bettzimmer	DM 10,80
2-Bettzimmer	DM 14,30
1-Bettzimmer	DM 19,80

Abendliche Schließzeit 23.30 Uhr.

Übung 11 Beantworte die Fragen.

Was kostet es für:

1. eine Übernachtung in einem 4-Bettzimmer mit Frühstück I?
2. eine Übernachtung in einem 2-Bettzimmer mit Frühstück II?
3. zwei Übernachtungen in einem 1-Bettzimmer mit Frühstück I und einem warmen Abendessen?
4. drei Übernachtungen in einem Zimmer für zwei Personen mit Frühstück II und einem kalten Abendessen?
5. fünf Übernachtungen mit Vollpension in einem 2-Bettzimmer?

Übung 12 Was ist richtig, was ist falsch?

Verbessere die falschen Sätze.

1. Alle Zimmer haben eine Dusche.
2. Das Jugendgästehaus ist abends bis halb elf geöffnet.
3. Es hat ein Hallenbad.
4. Vollpension für eine Woche kostet hundert Mark fünfzig.
5. Das Jugendgästehaus hat Einzelzimmer.

Übung 13 Was paßt zusammen?

Wo übernachten diese Leute am besten?

1. Familie Beckmann hat einen Wohnwagen.
2. Herr und Frau Keller fahren mit ihrem Mercedes nach Düsseldorf. Sie möchten ein Luxuszimmer mit Bad und Balkon.
3. Familie Neumann (ein Baby, zwei Kinder, zwei Erwachsene) möchte drei Wochen am Bodensee verbringen.
4. Heino und Jutta sind Studenten und haben nicht viel Geld. Sie möchten auf dem Land wandern.
5. Gert und Anna Schulz möchten ein Doppelzimmer mit fließendem Wasser. Es muß nicht sehr teuer sein.

A In einer Ferienwohnung.

B In der Jugendherberge.

C Auf dem Campingplatz.

D In einer Pension.

E In einem Hotel.

Was sagen diese Leute im Verkehrsamt?

Übung 14 Gemischte Wörter

Was gehört zusammen?

1.	Doppel	pension
2.	Zimmer	wagen
3.	Wohn	meldung
4.	Wasch	nachtung
5.	Ferien	raum
6.	Über	wohnung
7.	An	nachweis
8.	Halb	zimmer

L

In der Bundesrepublik Deutschland gibt es mehr als zweitausend Campingplätze.

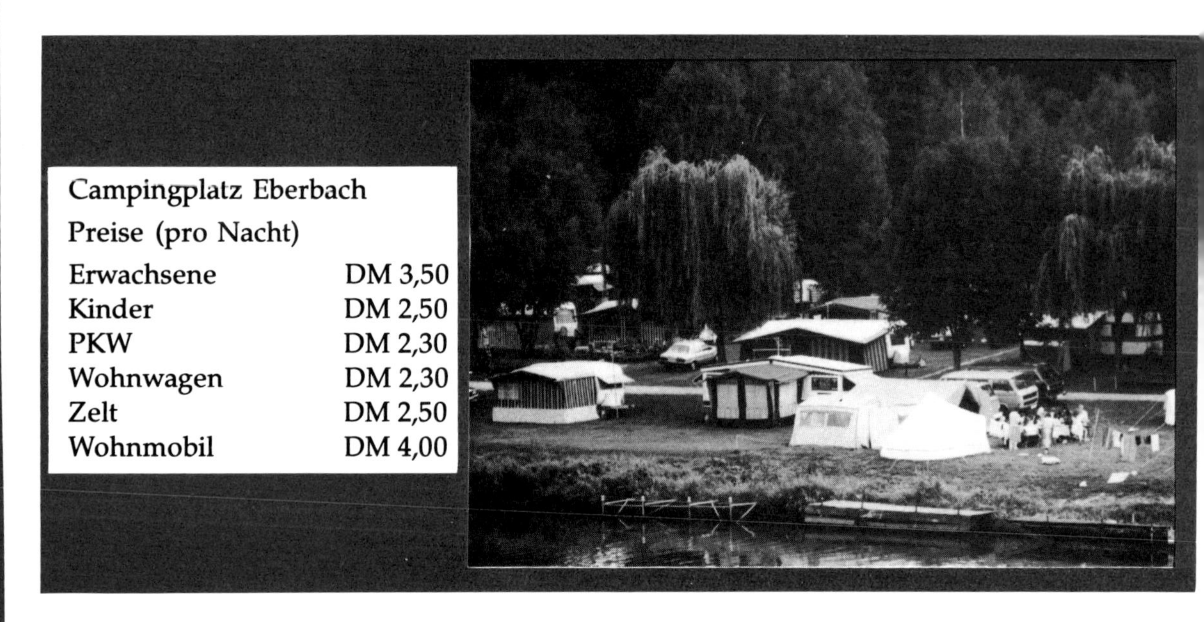

Campingplatz Eberbach

Preise (pro Nacht)

Erwachsene	DM 3,50
Kinder	DM 2,50
PKW	DM 2,30
Wohnwagen	DM 2,30
Zelt	DM 2,50
Wohnmobil	DM 4,00

Übung 15 Beantworte die Fragen.

1. Herr und Frau Wagner haben eine kleine Tochter, ein Auto und ein Zelt. Was kostet es für eine Nacht?
2. Herr und Frau Beck haben einen siebenjährigen Sohn, einen Wohnwagen und ein Auto. Was kostet es für zwei Nächte?
3. Herr und Frau Klinge haben drei Kinder, ein Auto, einen Wohnwagen und ein Zelt. Was kostet es für eine Woche?
4. Herr und Frau Kramer und Frau Hoffmann haben fünf Kinder, ein Auto, einen Wohnwagen, ein Wohnmobil und ein Zelt. Was kostet es für sechs Nächte?
5. Herr und Frau Knieb und ihre zwanzigjährige Tochter haben ein Auto und zwei Zelte. Was kostet es für drei Nächte?

Übung 16 Kannst du mich raten?

Mein erster Buchstabe ist in Bad und Balkon,
mein zweiter ist in Kinder und Person,
mein dritter ist in Dusche und Pension,
mein vierter ist in Zimmer und Doppel-,
mein fünfter ist in Zelt und Hotel,
mein sechster ist in Zimmer und Einzel-,
in Verkehrsamt und Auskunft bin ich zuletzt:
aber ich bin nicht mehr frei – ich bin . . . . !

Übung 17 Für wie viele Personen?

Arbeite mit einem Partner oder einer Partnerin zusammen.

Beispiel

Du: ?

Platzwart: Ja, für wie viele Personen?

Du: Für . . .

1

2

3

4

5

Übung 18 Für wie lange?

Beispiel

Du: ?

Platzwart: Ja, für wie viele Nächte?

Du: Für . . .

1

2

3

4

5

Für wie lange?

für	eine Nacht. zwei Nächte. eine Woche. zwei Wochen.
bis	Sonntag.

Alles	besetzt belegt voll	bis	Montag. Dienstag. Mittwoch.

L

Annegret Braun ist Empfangsdame in einer kleinen Pension. Sie hat die Namen der Gäste ins Gästebuch eingetragen:

Nächte	Zimmer 1	Zimmer 2	Zimmer 3	Zimmer 4
Mo.	Herr u. Frau Niemann	Fräulein Peters (Halbpension)		
Di.	"	"	Herr u. Frau Süß (Vollpension)	
Mi.		"	"	Frau Grünwald
Do.	Herr u. Frau May	"	"	"
Fr.	"	"		"
Sa.		"	Herr u. Frau Enders (Halbpension)	
So.			"	

Übung 19 Was ist richtig, was ist falsch?

Verbessere die falschen Sätze.

1. Herr und Frau May wohnen zwei Nächte in der Pension.
2. Fräulein Peters wohnt eine Woche in der Pension.
3. Zimmer 4 ist für zwei Personen.
4. Die Pension ist am Donnerstag besetzt.
5. Herr und Frau Süß möchten nur Übernachtung mit Frühstück.
6. Herr und Frau Niemann fragen: „Wo ist das Badezimmer?"
7. Die Pension hat vier Zimmer frei am Sonntag.
8. Zimmer 3 hat zwei Erwachsene für drei Nächte.
9. Frau Grünwald wohnt bis Donnerstag in der Pension.
10. Zimmer 2 hat fließendes Wasser.

Was sagen diese Leute, wenn sie in der Pension ankommen?

Übung 20 Dialogspiele

Arbeite mit einem Partner oder einer Partnerin zusammen.

Partner(in): Guten Tag! Bitte schön?

Du: *(a)*  *(b)*  *(c)* ? 

Partner(in): Für wie lange?

Du: *(a)* ×3 *(b)*  ×14 *(c)* 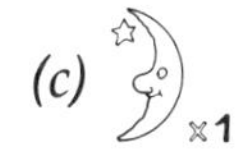 ×1

Partner(in): Für wie viele Personen?

Du: *(a)*  *(b)*  *(c)* 

Partner(in): Ja, kommen Sie bitte mit.

Du: *(a)*  *(b)*  *(c)* 

Partner(in): Dort drüben.

Übung 21 Welches Wort gehört nicht dazu?

 *Antwort:*  gehört nicht dazu.

1. Bar Waschraum Badezimmer Dusche
2. besetzt frei belegt voll
3. Pension Hotel Jugendherberge Speiseraum
4. Erwachsene Personen Frühstück Kinder
5. Ferienwohnung Anmeldung Zelt Wohnwagen

Übung 22 Wortschlangen

Wie viele Wörter kannst du finden?

1 CAMPINGPLATZIMMERNACHWEISPEISERAUMONTAG

2 FRÜHSTÜCKINDUSCHERWACHSENEINZELZIMMER

3  WASCHRAUMITTWOCHALBPENSIONÄCHTEMPFANGÄSTEZIMMER

L

Übung 23 Das verrückte Verkehrsamt!

Kannst du mir helfen?

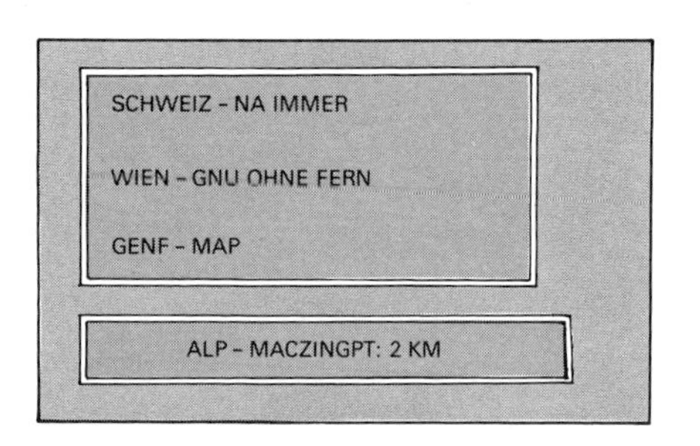

Wo kann ich übernachten? Ich kann diese komischen Schilder im Verkehrsamt gar nicht verstehen! Wo finde ich einen Platz für mein Zelt?

Ach nein! Jemand hat mit den Schildern gespielt. Kannst du mir helfen, die Buchstaben in Ordnung zu bringen? Ist ein Platz frei für mein Zelt?

Übung 24 Kastenrätsel

Wie viele Wörter kannst du finden?

In diesem Zelt sind 27 Wörter versteckt. Lies die Buchstaben von links nach rechts, von rechts nach links, von unten nach oben, von oben nach unten und diagonal.

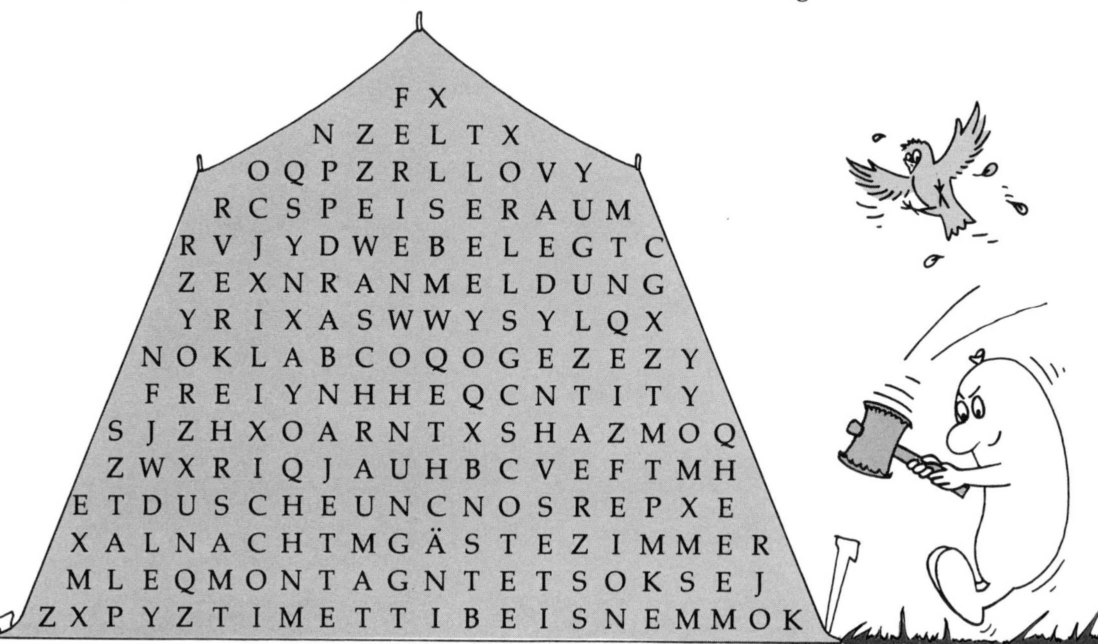

Das Lied von der Pension

L

2 Neun tolle Zimmer
sind dreißig Mark pro Nacht;
da kommt ein Gast in Schweizer Tracht,
nun gibt es nur noch acht.

3 Acht tolle Zimmer
sind im Hotel geblieben;
da kommt ein Gast, der hat geschrieben,
nun gibt es nur noch sieben.

4 Sieben tolle Zimmer,
die Duschen sind hier rechts;
da kommt ein Gast, der ist der nächst'
nun gibt es nur noch sechs.

5 Sechs tolle Zimmer,
heut' abend Wurst mit Senf;
da kommt ein Gast aus der Stadt Genf,
nun gibt es nur noch fünf.

6 Fünf tolle Zimmer,
der Speisesaal ist hier;
da kommt ein Gast aus der Stadt Trier,
nun gibt es nur noch vier.

7 Vier tolle Zimmer
sind hier bei uns noch frei;
da kommt ein Gast und eilt dabei,
nun gibt es nur noch drei.

8 Drei tolle Zimmer,
zum Frühstück Brot mit Ei;
da kommt ein Gast mit Koffern drei,
nun gibt es nur noch zwei.

9 Zwei tolle Zimmer,
wir sind nicht weit von Mainz;
da kommt ein Gast mit Namen Heinz,
nun gibt es nur noch eins.

10 Ein tolles Zimmer
hat uns're Pension jetzt;
da kommt ein Gast, kommt ja zuletzt,
nun sind wir voll besetzt.

Orientierung

1. Entschuldigen Sie bitte!
   Wie komme ich zum Marktplatz?

   Gehen Sie bis zur ersten
   Querstraße und dann links
   um die Ecke.

2. Entschuldigen Sie bitte!
   Wie komme ich zum Parkplatz?

   Fahren Sie immer geradeaus
   bis zur dritten Querstraße.

3. Entschuldigen Sie bitte!
   Wie komme ich zur Drogerie?

   Sie gehen hier die Straße
   entlang bis zur zweiten
   Straßenkreuzung.

4. Entschuldigen Sie bitte!
   Wie kommt man zur Apotheke?

   Gehen Sie bis zur nächsten
   Straßenkreuzung und dann
   rechts um die Ecke.

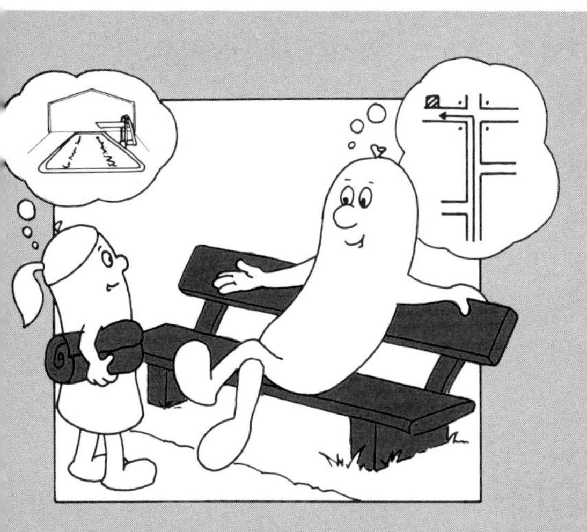

5. Entschuldigen Sie bitte!
Wie kommt man zum Hallenbad?

Geh immer geradeaus, dann
an der Verkehrsampel links.

6. Entschuldigen Sie bitte!
Wie kommt man zum Freibad?

Du gehst hier die Straße hinauf,
dann rechts an der Ampel.

Übung 1 Stell die richtige Frage.

2

3

4

1

5

6

Wie	komme ich	zum	Marktplatz? Parkplatz? Hallenbad? Freibad?
	kommt man	zur	Drogerie? Apotheke?

Fahren Sie Gehen Sie Sie gehen Geh Du gehst	bis zur	ersten zweiten dritten nächsten	Querstraße. Straßenkreuzung.
	rechts links	an der (Verkehrs)ampel.	

Übung 2 Verrückte Schilder!

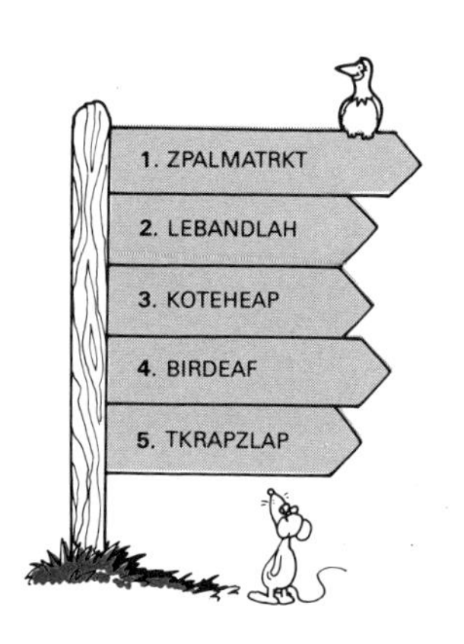

Übung 3 Wohin möchten diese Leute?

Beispiel

Jutta möchte zum Hallenbad.

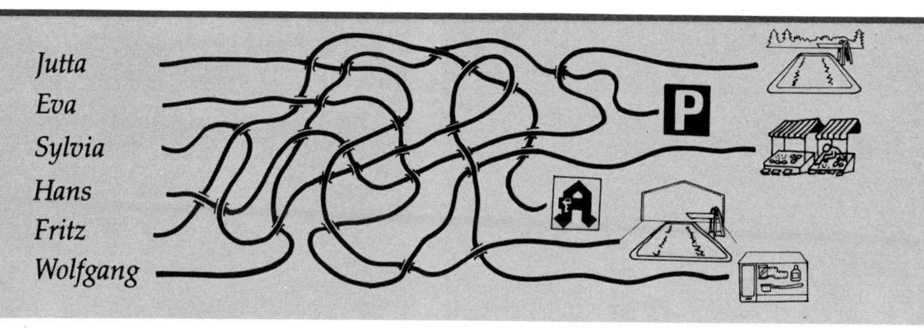

Übung 4 Unten sind sechs Antworten. Bilde die Fragen dazu!

1. Geh bis zur ersten Querstraße und dann links um die Ecke.
2. Gehen Sie links an der Verkehrsampel.
3. Du gehst bis zur dritten Straßenkreuzung und dann rechts.
4. Sie gehen hier die Straße hinauf und dann rechts an der Ampel.
5. Sie gehen bis zur nächsten Kreuzung und dann rechts.
6. Gehen Sie an der Ampel vorbei bis zur dritten Querstraße und dann links um die Ecke.

Du stehst hier

M
Drogerie
Drogerie
DROGERIE KEHLE
PHOTO PORST
Hallenbad
Parkplatz
P Pkw
Löwen apotheke
apotheke
Apotheke
Freibad
Marktplatz

Im Verkehrsamt

Sabine: Bitte schön? Kann ich Ihnen helfen?

Rolf: Wie komme ich zum Flughafen?

Sabine: Fahren Sie am besten mit dem Bus, Linie 3.

Rolf: Wie weit ist es?

Sabine: Ungefähr zehn Kilometer.

Rolf: Danke schön. Auf Wiedersehen!

Sabine: Guten Tag! Bitte schön?

Dieter: Wie kommt man am besten zur Burg

Sabine: Gehen Sie hier die Straße entlang, an der Kirche und der Tankstelle vorbei und dann links an der Ampel.

Dieter: Wie weit ist es?

Sabine: Zehn Minuten zu Fuß.

Sabine: Guten Tag! Bitte schön?

Manfred: Wie komme ich am besten zum Schloß?

Sabine: Sie gehen hier die Straße hinauf, an dem Turm vorbei und dann rechts an der Ampel.

Manfred: Wie weit ist es?

Sabine: Fünfhundert Meter.

Manfred: Danke schön. Auf Wiedersehen!

Sabine: Bitte schön. Auf Wiedersehen.

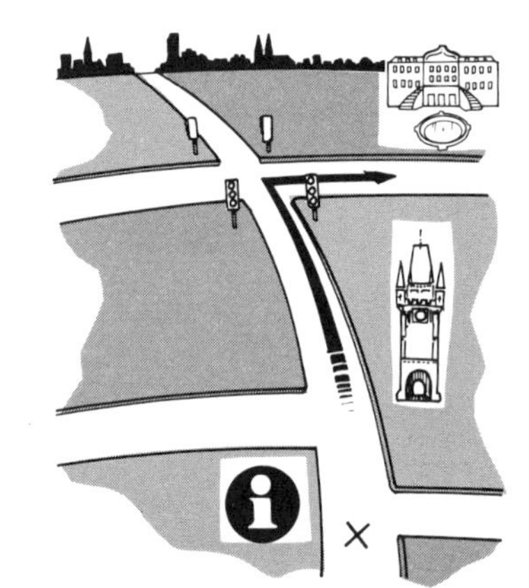

Übung 5 **Stell die richtige Frage.**

Beispiele

?km P	Wie weit ist es zum Parkplatz?
?km A	Wie weit ist es zur Apotheke?

?km

1

2

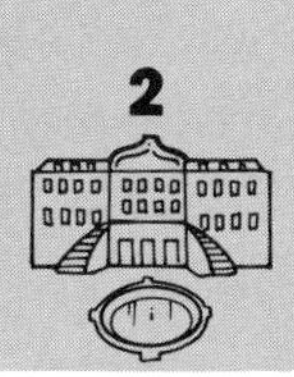

3

4

5

6

Wie weit ist es	zum	Flughafen? Turm? Schloß?
	zur	Burg? Kirche?

Hundert Zwanzig Zehn Zwei	Meter. Kilometer. Minuten (zu Fuß).

Übung 6 Welches Wort gehört nicht dazu?

 *Antwort:*  gehört nicht dazu.

1. Marktplatz Parkplatz Turm Campingplatz
2. Minute Meter Kilometer zu Fuß
3. Ampel Bahnhof Flughafen U-Bahnstation
4. hinauf hier hinunter entlang
5. Sportplatz Hallenbad Freibad Drogerie
6. Burg Schloß Kirche Tankstelle

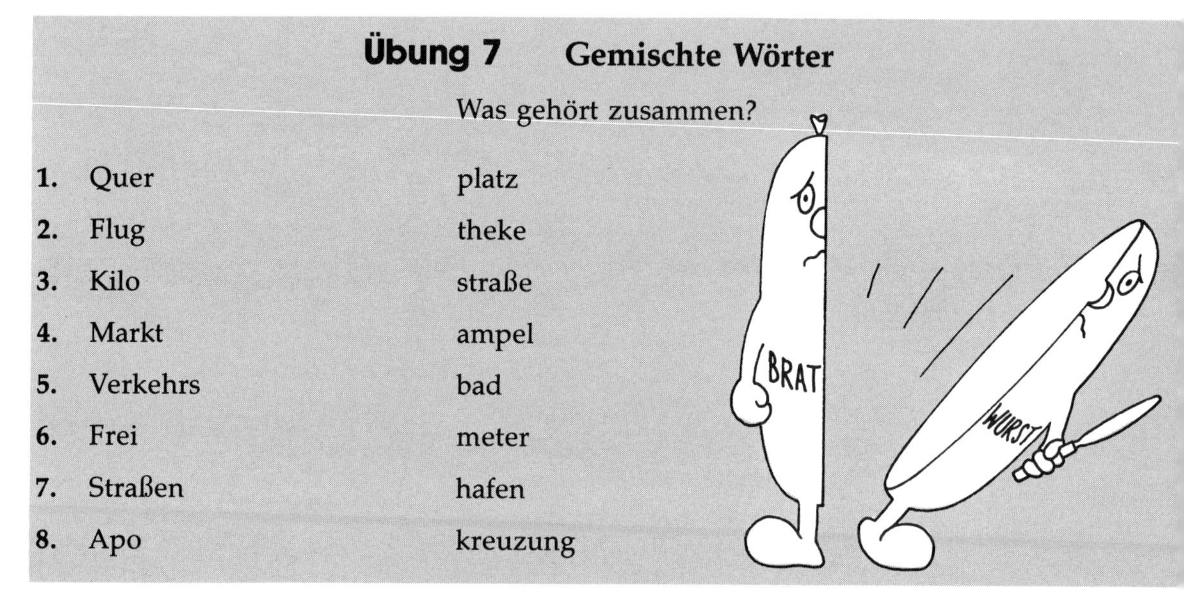

Übung 7 Gemischte Wörter

Was gehört zusammen?

1.	Quer	platz
2.	Flug	theke
3.	Kilo	straße
4.	Markt	ampel
5.	Verkehrs	bad
6.	Frei	meter
7.	Straßen	hafen
8.	Apo	kreuzung

Übung 8 Dialogspiele

Arbeite mit einem Partner oder einer Partnerin zusammen.

Beispiele

1 *(a)*	Wie weit ist es zum Flughafen?	**1** *(b)*	Fünf Kilometer.
2 *(a)*	Wie komme ich zur Apotheke?	**2** *(b)*	Geh links an der Verkehrsampel.

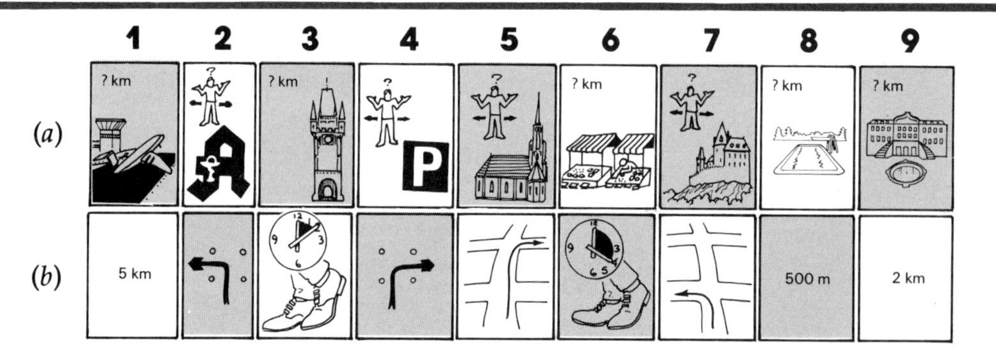

Übung 9 Kannst du mich raten?

Mein erster Buchstabe ist in Bahnhof und Flughafen,
mein zweiter ist in Turm, aber nicht in Kirche,
mein dritter ist in Apotheke, aber nicht in Drogerie,
mein vierter ist in Querstraße, Kreuzung und Ecke,
mein fünfter ist in Schloß, aber nicht in Burg.
Rot, gelb und grün bin ich. Kannst du mich raten?

Wo ist hier ein Restaurant?

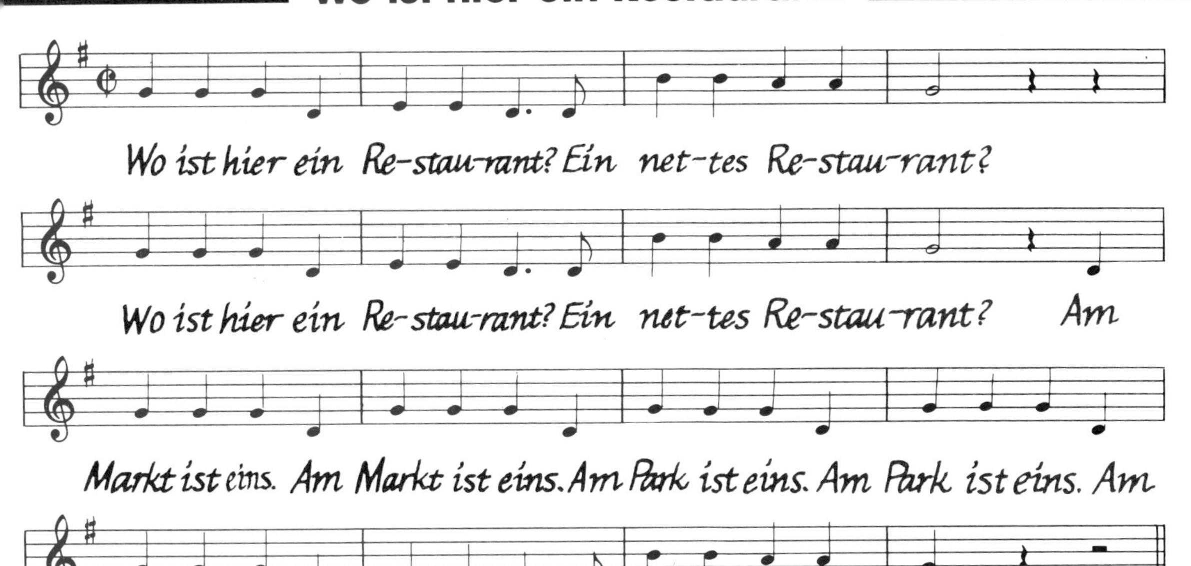

2 Können Sie mir bitte sagen,
wo der Marktplatz ist?
Können Sie mir bitte sagen,
wo der Marktplatz ist?

Erst nach rechts.
Dann nach links.
Um die Ecke. Geradeaus.
Um die Ecke. Geradeaus.
Immer geradeaus.

Post Tele Geld

Barbara möchte fünf Postkarten und einen Brief nach England schicken. Sie muß Briefmarken kaufen.

Bettina möchte nach England telefonieren.

Angela ist in der Stadtmitte und möchte einen Reisescheck einlösen.

Thomas ist am Bahnhof und möchte Geld wechseln.

Wo ist	die Post/das Postamt		bitte?
	die (nächste)	Telefonzelle Bank Wechselstube	

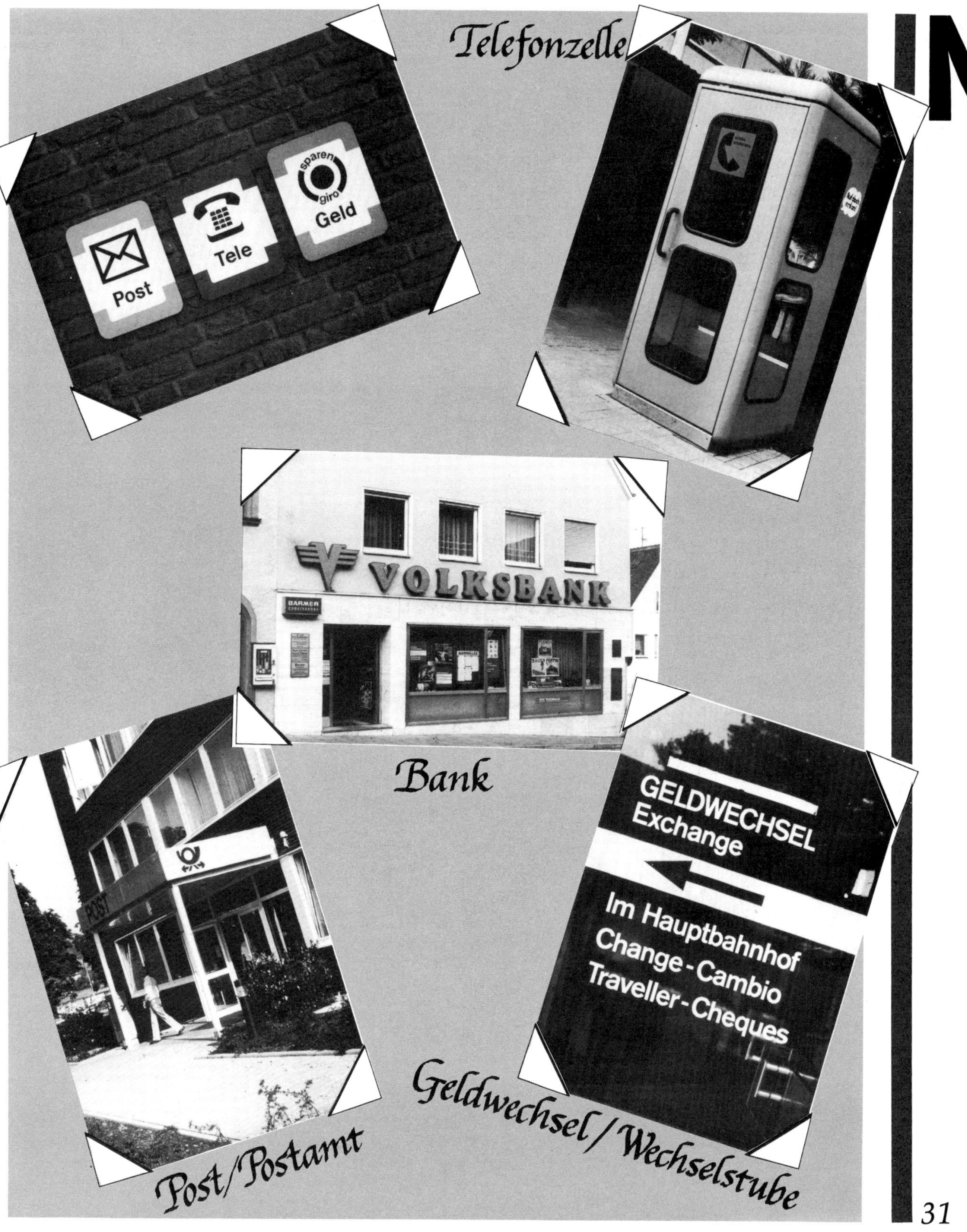

Telefonzelle

Bank

Post/Postamt

Geldwechsel/Wechselstube

N

Im Postamt

Am Schalter 5

Postbeamter:	Guten Tag! Bitte schön?
Barbara:	Was kostet eine Postkarte nach England?
Postbeamter:	Siebzig Pfennig.
Barbara:	Und ein Brief?
Postbeamter:	Eine Mark.
Barbara:	Geben Sie mir bitte fünf Briefmarken zu siebzig und eine Briefmarke zu einer Mark.
Postbeamter:	Sonst noch etwas?
Barbara:	Nein, das ist alles. Was kostet das zusammen?
Postbeamter:	Mmh, fünf Briefmarken zu siebzig, drei Mark fünfzig. Das macht zusammen vier Mark fünfzig.
Barbara:	Bitte schön.
Postbeamter:	Danke schön. Und fünf Mark fünfzig zurück.
Barbara:	Danke schön. Auf Wiedersehen.

eine Briefmarke zu siebzig

eine Briefmarke zu einer Mark

Übung 1 Was ist richtig, was ist falsch?

Verbessere die falschen Sätze.

1. Barbara ist im Postamt.
2. Sie steht am Schalter 3.
3. Eine Briefmarke für eine Postkarte nach England kostet 17 Pf.
4. Eine Briefmarke für einen Brief kostet DM 1,00.
5. Barbara braucht Briefmarken für fünf Postkarten und einen Brief.
6. Barbara muß DM 5,40 bezahlen.
7. Sie bekommt DM 5,50 zurück.

N

Übung 2 Stell die richtige Frage.

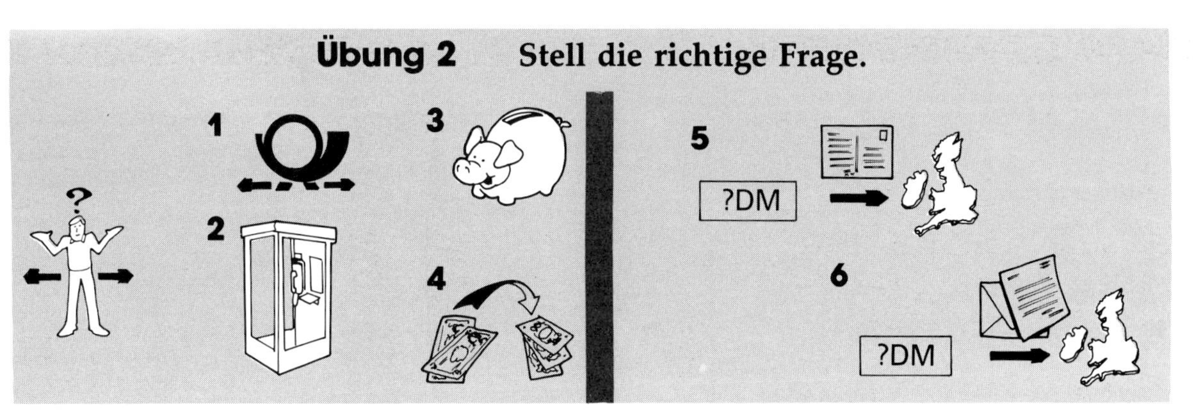

Übung 3 Was sagst du im Postamt?

Beispiel

Du:	Geben Sie mir bitte zwei Briefmarken zu fünfzig.
Partner(in):	Zwei Briefmarken zu fünfzig, das macht eine Mark.

1

2

3

4

5

6

<table>
<tr><td>Was kostet</td><td>eine Postkarte
ein Brief</td><td>nach England?</td></tr>
</table>

<table>
<tr><td rowspan="2">Geben Sie mir</td><td colspan="2">eine Briefmarke</td><td rowspan="2">zu</td><td rowspan="2">siebzig (Pfennig).
achtzig (Pfennig).
einer Mark.</td></tr>
<tr><td>zwei
drei</td><td>Briefmarken</td></tr>
</table>

Übung 4 Dialogspiele

Dein(e) Partner(in) ist Postbeamter.

Postbeamter:	(*a*)	(*b*)
Du:	(*a*)  	(*b*)  
Postbeamter:	(*a*) 70pf	(*b*) DM1,00
Du:	(*a*) 10×	(*b*) 7×
Postbeamter:	Sonst noch etwas?	
Du:	× ?DM	
Postbeamter:	Das macht DM 7,00.	
Du:	Bitte schön.	
Postbeamter:	Haben Sie kein Kleingeld?	
Du:	×	
Postbeamter:	Also, dreiundvierzig Mark zurück.	
Du:	 	

Übung 5 Was paßt zusammen?

1 2 3 4

Briefmarken aus (*a*) der Schweiz (*b*) der BRD (*c*) der DDR (*d*) Österreich

Übung 6 Beantworte die Fragen.

1. Was kostet dieses Markenheftchen?
2. Wie viele Briefmarken bekommst du?
3. Ist das genug für zwei Briefe und zwei Postkarten nach England?
4. Wie viele Briefmarken brauchst du noch?

Am Schalter 1

Postbeamtin: Guten Tag! Bitte schön?

Peter: Wo kann ich bitte telefonieren?

Postbeamtin: Dort drüben.

Peter: Kann ich nach England telefonieren?

Postbeamtin: Ja.

Peter: Was ist die Vorwahlnummer für England?

Postbeamtin: Die Vorwahlnummer für Großbritannien ist null null vier vier.

Peter: Und was ist die Vorwahlnummer für Preston?

Postbeamtin: Die Ortsnetzkennzahl für Preston ist null sieben sieben zwei, aber Sie müssen die erste Null auslassen. So: null null vier vier sieben sieben zwei.

Peter: Vielen Dank.

Postbeamtin: Bitte schön. Gehen Sie in die Fernsprechzelle dort drüben. Dann zahlen Sie bitte hier bei mir.

Übung 7 Beantworte die Fragen.

1. Wo ist Peter?
2. An welchem Schalter steht er?
3. Was möchte Peter tun?
4. Was ist seine erste Frage?
5. Was ist seine zweite Frage?
6. Was ist seine dritte Frage?
7. Was ist die Vorwahlnummer für Großbritannien?
8. Was ist die Vorwahlnummer für Preston?
9. Welche Nummer muß Peter wählen?
10. Wo muß er zahlen?
11. Hast du Telefon zu Hause?
12. Was ist deine Telefonnummer?
13. Was ist deine Vorwahlnummer?
14. Was muß dein(e) Freund(in) aus Deutschland wählen?

Ortsnetz	Kennzahl
Aachen	02 41
Aachen-Kornelimünster	0 24 08
Aalen Württ	0 73 61
Aalen Württ-Ebnat	0 73 67
Aarbergen	0 61 20

Wo kann ich bitte telefonieren? Kann ich nach England telefonieren?	
Was ist die Vorwahlnummer für	England? Großbritannien?

N

Postwertzeichenautomaten

Hier kann man

Briefmarken kaufen *Briefe einwerfen* *Kleingeld bekommen*

Übung 8 **Beantworte die Fragen.**

1. Was für Münzen braucht man für diesen Automaten?
2. Was für Briefmarken bekommt man?

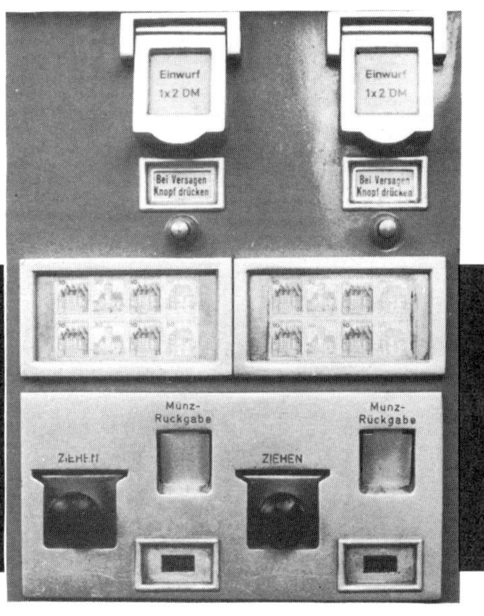

3. Was für eine Münze braucht man für diesen Automaten?
4. Was muß man machen, um die Briefmarken zu bekommen?
5. Was muß man machen, wenn der Automat nicht funktioniert?
6. Was bedeutet „Münzrückgabe"?

Briefkästen und Münzwechsler

N

7. Was bekommt man von diesem Automaten?
8. Was für eine Münze muß man einwerfen?

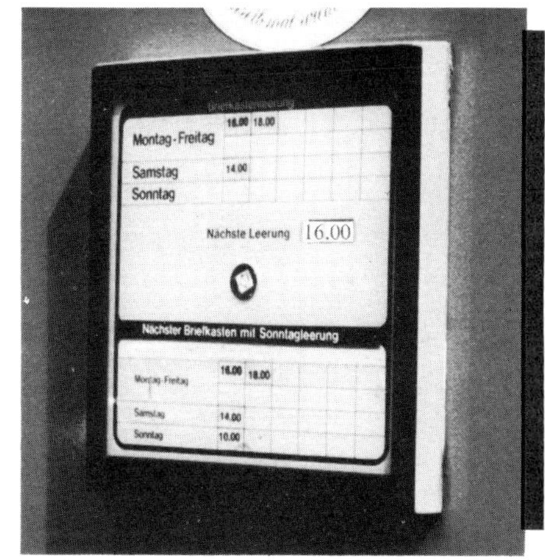

9. Wann ist die nächste Leerung?
10. Wann ist die letzte Leerung am Dienstag?
11. Wann ist die letzte Leerung am Samstag?
12. Wann wird der nächste Briefkasten am Sonntag geleert?

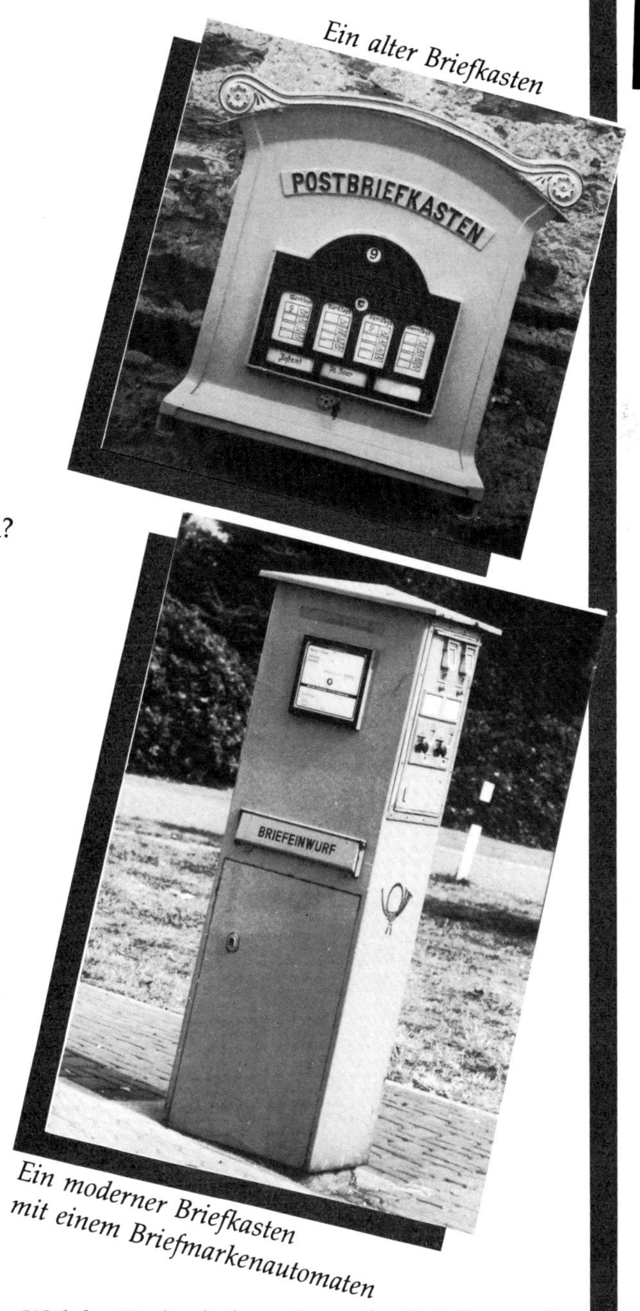

Ein alter Briefkasten

Ein moderner Briefkasten mit einem Briefmarkenautomaten

13. Welche Farbe haben deutsche Briefkästen?
14. Welche Farbe haben englische Briefkästen?
15. Was kostet eine Postkarte nach England?
16. Was kostet ein Brief nach England?
17. Was kostet ein Brief von England nach Deutschland?

N Vor einer Telefonzelle

Bettina: Entschuldigen Sie bitte! Ich möchte nach England telefonieren. Können Sie einen Zehnmarkschein wechseln?

Mann: Ich glaube schon.

Bettina: Haben Sie ein Fünfmarkstück und fünf Markstücke?

Mann: Ja. Fünf, sechs, sieben, acht, neun, zehn. Bitte schön.

Bettina: Vielen Dank. Auf Wiedersehen.

Bettina geht in die Telefonzelle.
Sie nimmt den Hörer ab, steckt das Geld ein und wählt.

Übung 9 Was ist richtig, was ist falsch?

Verbessere die falschen Sätze.

1. Bettina steht vor einer Wechselstube.
2. Sie möchte nach England telefonieren.
3. Sie hat kein Kleingeld.
4. Sie hat einen Zwanzigmarkschein.
5. Ein Mann gibt Bettina ein Fünfmarkstück und fünf Markstücke.

Deutsche Signaltöne

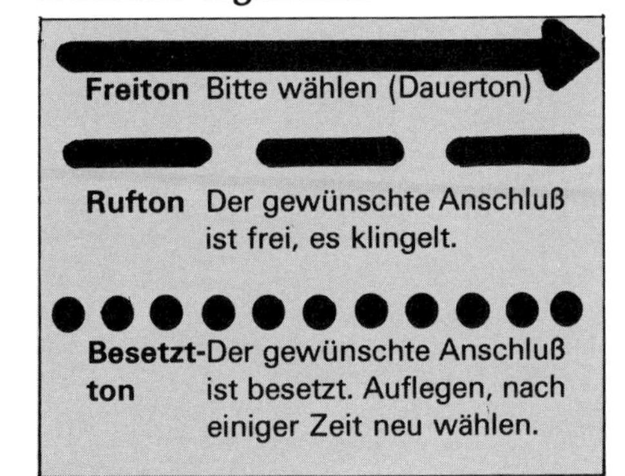

Übung 10 Beantworte die Fragen.

1. Was möchte Bettina machen?
2. Was ist ihre erste Frage?
3. Was ist ihre zweite Frage?
4. Was macht sie dann?
5. Welche Vorwahlnummer wählt sie?

Übung 11 Stell die richtige Frage

1

2

3

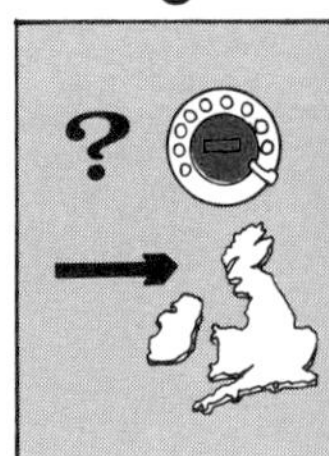

Ruf doch mal an!

Man kann von einem Postamt oder von einer der vielen gelben Telefonzellen telefonieren.

Die Telefonzellen, von denen man nach England telefonieren kann, erkennt man an einem grünen Hinweisschild oder am Wort „Auslandsgespräche",

Die Telefonauskunft	
Fernsprechauskunft Inland	118
Fernsprechauskunft Ausland	00118

Übung 12 Beantworte die Fragen.

1. Welche Farbe haben deutsche Telefonzellen?
2. Was bedeutet das grüne Hinweisschild?
3. Was für Münzen braucht man für dieses Telefon?
4. Welche Nummer wählt man, wenn man Fragen hat?

Übung 13 Haben Sie Kleingeld?

Arbeite mit einem Partner oder einer Partnerin zusammen.

Beispiel

Du:	Können Sie ein(en) . . . wechseln?
Partner(in):	Ja.
Du:	Haben Sie . . . ?

1	2	3	4	5	6
10	2	1 Deutsche Mark	5	50	10
2× 5	2× 1	10× 10	5× 1	5× 10	10× 1

N

In einer Bank in Freiburg

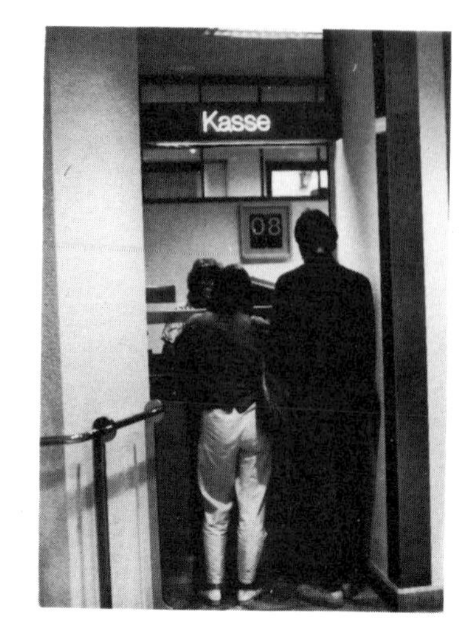

Angestellter: Grüß Gott! Kann ich Ihnen helfen?

Angela: Grüß Gott! Ich möchte einen Reisescheck einlösen.

Angestellter: Ja, gerne. Ihren Reisepaß bitte!

Angela: Bitte schön.

Angestellter: Danke . . . Unterschreiben Sie hier bitte . . . So, bitte sehr. Gehen Sie jetzt zur Kasse.

Angela: Danke schön.

Kassiererin: Also, fünfzig, sechzig, siebzig Mark und fünfzig Pfennig. Bitte schön.

Angela: Danke schön. Auf Wiedersehen!

In der Wechselstube am Hauptbahnhof in Heidelberg

Angestellte: Guten Tag! Bitte schön?

Thomas: Guten Tag! Ich möchte zehn englische Pfund in D-Mark umwechseln.

Angestellte: Ja . . . Unterschreiben Sie hier bitte . . . So, zwanzig, dreißig, fünfunddreißig Mark und zwanzig Pfennig. Bitte schön.

Thomas: Können Sie bitte diesen Zwanzigmarkschein in Zehnmarkscheine wechseln?

Angestellte: Jawohl. Bitte sehr.

Thomas: Danke schön. Auf Wiedersehen!

Übung 14 Beantworte die Fragen.

1. Wo ist Angela?
2. Was möchte sie machen?
3. Was muß sie dem Angestellten zeigen?
4. Wohin geht sie dann?
5. Wieviel Geld bekommt sie von der Kassiererin?
6. Wo ist die Wechselstube?
7. Warum geht Thomas in die Wechselstube?
8. Wieviel deutsches Geld bekommt er?
9. Wie viele Zehnmarkscheine bekommt er endlich?

Übung 15 Können Sie bitte wechseln?

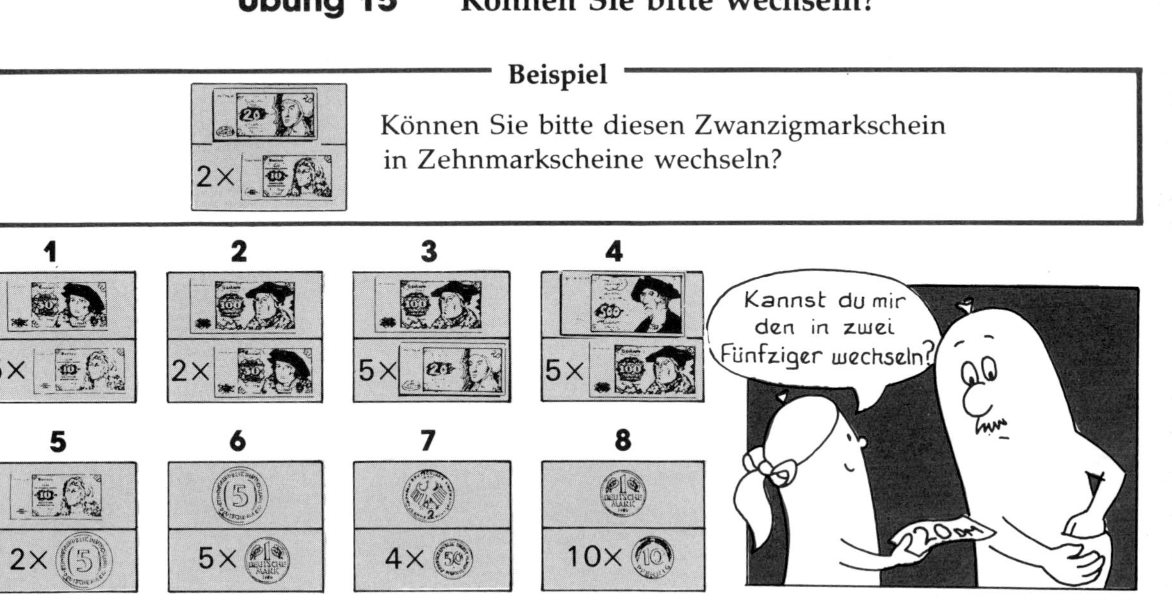

Übung 16 Stell die richtige Frage.

Ich möchte Können Sie	einen Reisescheck zwei Reiseschecks	einlösen.		
	fünf englische Pfund das	in	D-Mark Schillinge Franken Mark	umwechseln(?)
	einen Zwanzigmarkschein ein Fünfmarkstück	in	Zehnmarkscheine Markstücke	wechseln(?)

Ihren	Reisepaß Ausweis	bitte.
Unterschreiben Sie hier bitte. Gehen Sie bitte zur Kasse.		

N

N

Wo kann man Geld wechseln und Reiseschecks einlösen?

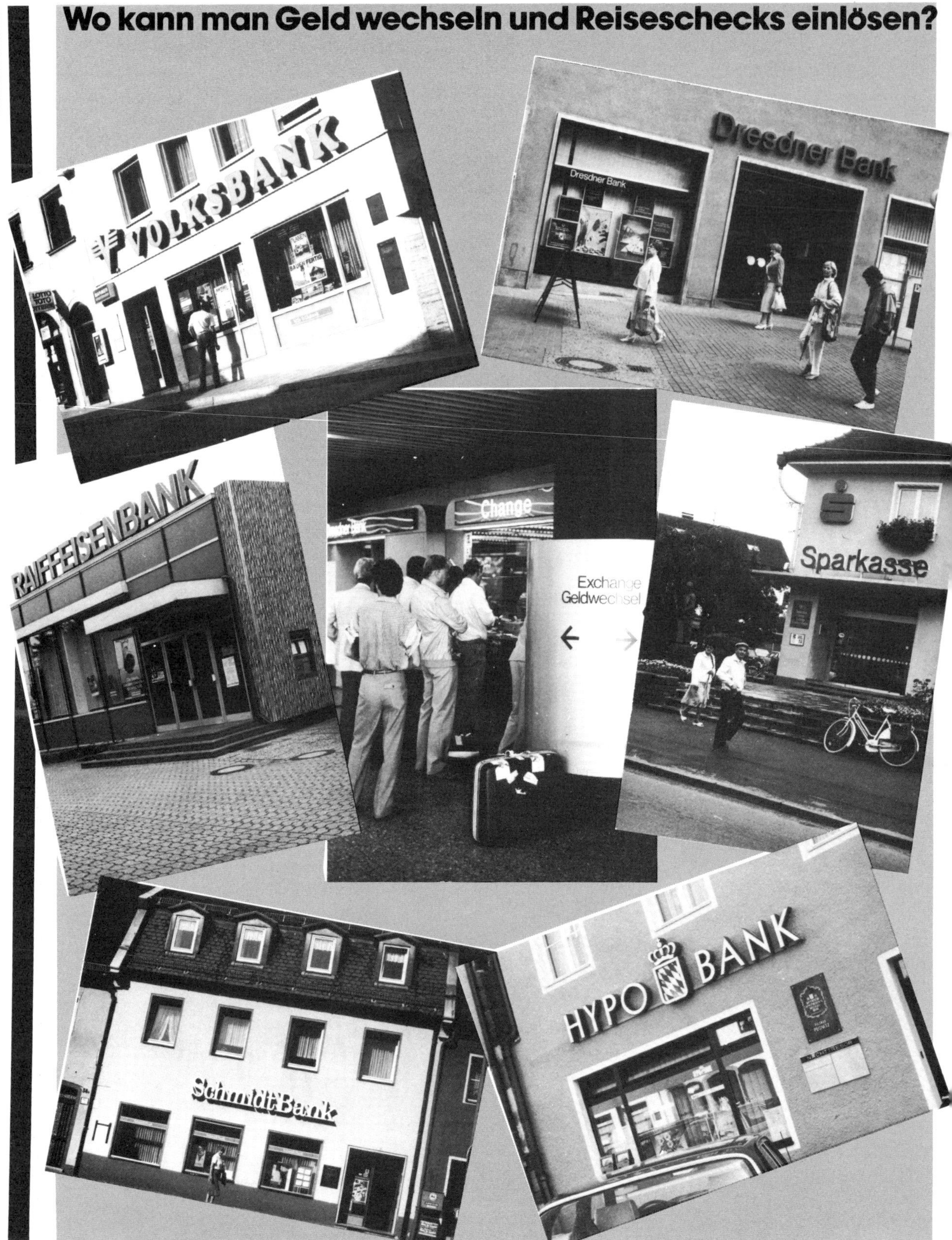

N

Übung 17 Beantworte die Fragen.

1. An welchem Datum war Martin in Bayreuth?
2. Was hat er in der Sparkasse gesagt?
3. Wieviel D-Mark hat er bekommen?

Sortenabrechnung

Ankauf – S | Verkauf – H

Währung	Kurs	Sorten-HK	DM-Wert	S/H
ENGL.PF	3,8300	BAR	114,90	S
ANKAUF 24.09.85 127/130B		059	£ 30,00	

Mehrzweckfeld	KZ	Wrg-Nr.	Währungsbetrag

Kontoinhaber	Konto-Nr.	DM-Betrag	H/S

Denken Sie bitte auch an eventuelle ausländische Ein- und Ausfuhrbestimmungen für Reisezahlungsmittel!

Irrtum vorbehalten. Bei Sortenankäufen erfolgt die Auszahlung des Gegenwertes unter Vorbehalt der Echtheit der Noten und Münzen.

BEZAHLT 24. SEP. 1985

Stadtsparkasse Bayreuth

Kundenbeleg

Kauf-Abrechnung über Kasse HYPO BANK

Wir übernahmen von Ihnen nachstehende Sorten/Edelmetalle laut untenstehender Abrechnung

Datum	Währung bzw Münzbez	Währungsbetrag oder Stückzahl	Kurs oder Einzelpreis	Kurswert Ausm. Betrag	DM

BEZAHLT 17. SEP. 1985 HYPO-BANK Pegnitz

Erstellt — Es gelten die Allgemeinen Geschäftsbedingungen der Bank

4. An welchem Datum war Anna in Pegnitz?
5. Was hat sie in der Hypobank gesagt?
6. Wieviel D-Mark hat sie bekommen?

eurocheque 86

Hamburger Sparkasse
Hamburg

DR.GERHARD WITT

Konto-Nr. 01234567890 — Karten-Nr. 987654

Gültig bis Ende 1986

Hamburger Sparkasse
Hamburg

Zahlen Sie gegen diesen Scheck — Währung | Betrag

Betrag in Buchstaben

an oder Überbringer

Ort

Datum

Unterschrift

Scheck-Nr. | Konto-Nr. | Betrag | Bankleitzahl | Text

00000999888777 01234567890 20050550 11

Bitte dieses Feld nicht beschriften und nicht bestempeln

Der eurocheque in Verbindung mit der eurocheque-Karte ist so gut wie Bargeld. In Hotels, Restaurants, Geschäften usw. kann man problemlos mit eurocheques bezahlen.

Bei Postämtern, Banken und Sparkassen kann man sich auch Bargeld beschaffen.

N Wann sind die Öffnungszeiten?

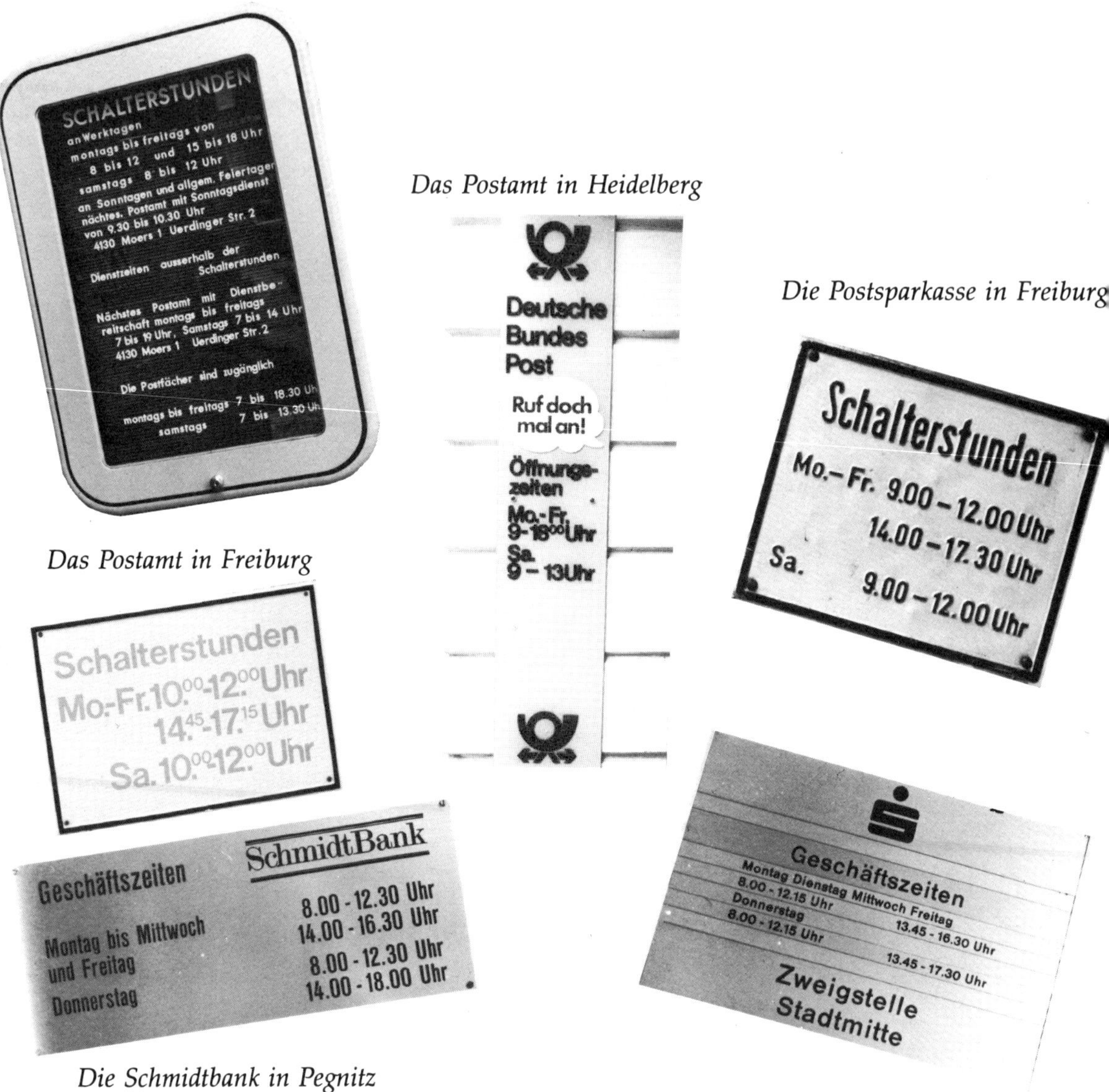

Das Postamt in Moers

Das Postamt in Heidelberg

Die Postsparkasse in Freiburg

Das Postamt in Freiburg

Die Schmidtbank in Pegnitz

Die Sparkasse in Pegnitz

Übung 18 Wortschlangen

Wie viele Wörter kannst du finden?

1 POSTAMTELEFONÄCHSTELEERUNGESCHÄFTSZEITEN

2 AUSWEISCHILLINGELDEINWURFERNGESPRÄCHEINLÖSEN

N

Übung 19 Was gehört zusammen?

1. Spar	kennzahl
2. Brief	zeiten
3. Geld	wertzeichen
4. Münz	kasse
5. Post	wechsler
6. Schalter	gespräche
7. Öffnungs	einwurf
8. Auslands	nummer
9. Ortsnetz	rückgabe
10. Vorwahl	stunden

Das Lied von der Telefonzelle

1. Vor— wahl-num-mer für Cel-le ist vier, neun fünf, eins und
2. Vor— wahl-num-mer für Bre-men ist vier, neun, vier, zwei und

drei. Die Fern-sprech-zel-le an die-ser Stel-le ist
eins. Sich so viel Zeit neh-men! Wenn sie nur kä-men her-

lei— der noch nicht frei!
aus, und ich könn-te 'rein!

3 Vorwahlnummer für Halle
ist null, drei, sieben und vier.
Wir warten alle:
in diesem Falle
bleib' ich lieber nicht mehr hier!

Wo gehen wir hin?

Martin und seine Familie verbringen ihre Ferien im Schwarzwald. Sie wohnen auf einem Campingplatz in Freiburg. Sie machen eine Stadtbesichtigung und eines Tages fahren sie zu einem berühmten See.

Renate und Helmut verbringen ihre Ferien in Cochem. Sie wohnen im Hotel am Hafen. Sie besuchen Burg Eltz und machen eine Schiffsfahrt auf der Mosel.

Monika und ihre Familie und Freunde verbringen ihre Ferien im Rheinland. Sie wohnen in Biebernheim in der Nähe von St. Goar. Sie machen Ausflüge nach Rüdesheim und nach Boppard.

„Freiburg hat, was alle suchen"

P

Nach der Stadtbesichtigung will Martins Familie Kaffee trinken und geht in eine Konditorei in der Nähe vom Münster. Martin möchte lieber den Turm besteigen und geht zum Münster.

Im Freiburger Münster

Martin: Was kostet die Turmbesteigung?

Beamtin: Eine Mark.

Martin: Gibt es Schülerermäßigung?

Beamtin: Hast du deinen Ausweis dabei?

Martin: Ja.

Beamtin: O.K. Fünfzig Pfennig.

Martin: Bitte schön.

Beamtin: Danke schön und eine Mark fünfzig zurück.

Übung 1

Sieh dir den Dialog und das Foto an und beantworte die Fragen.

1. Wo ist Martin?
2. Welche zwei Fragen stellt er?
3. Was hat er dabei?
4. Was muß er bezahlen?
5. Was für eine Münze gibt Martin der Beamtin?
6. Was kostet die Turmbesteigung für Erwachsene?
7. Was kostet es pro Person für eine Gruppe von zwölf Personen?
8. Wann ist der Turm an Werktagen geöffnet?
9. Wann ist der Turm an Sonn- und Feiertagen geöffnet?
10. Wann bleibt der Turm geschlossen?

Eine Burgbesichtigung

Burgführungen
täglich von 9-17.30 Uhr (Beginn der letzten Führung)
vom 1. April bis 31. Oktober
Dauer 40 Minuten

Eines Tages besuchen Renate und Helmut die Burg Eltz. Sie parken das Auto auf dem Parkplatz und nehmen den Fußweg zur Burg.

Eine halbe Stunde später sind Renate und Helmut auf der Burg. Sie gehen an die Kasse, um Eintrittskarten zu kaufen.

Übung 2

Sieh dir den Text und die Schilder an und beantworte die Fragen.

1. Wann beginnt die erste Burgführung?
2. Wann beginnt die letzte Burgführung?
3. Wie lange dauert eine Burgführung?
4. In welchen Monaten gibt es keine Burgführungen?
5. Warum gehen Helmut und Renate an die Kasse?
6. Was kostet eine Burgführung für Erwachsene?
7. Gibt es Gruppenermäßigung für zwölf Erwachsene?
8. Wieviel müssen Schüler und Studenten bezahlen?
9. Wer bezahlt nur DM 2,50 pro Person?
10. Für wen ist der Eintritt frei?

Eintrittspreise

An der Kasse

P

Renate: Was kostet eine Besichtigung der Burg?

Beamter: Fünf Mark fünfzig pro Person.

Renate: Zweimal bitte.

Beamter: Danke schön und neun Mark zurück.

Renate: Wann ist die nächste Führung?

Beamter: Um fünfzehn Uhr dreißig.

Renate: Wie lange müssen wir noch warten?

Beamter: Etwa zehn Minuten.

Renate: Wo müssen wir warten?

Beamter: Dort drüben.

Sie müssen dort drüben warten.

Jedes Jahr besuchen Tausende von Menschen diese romantische Burg in den Wäldern.

Übung 3 Was ist richtig, was ist falsch?

Verbessere die falschen Sätze.

1. Renate steht an der Kasse.
2. Sie kauft drei Eintrittskarten.
3. Sie bezahlt neun Mark.
4. Die nächste Führung ist um halb vier.
5. Renate und Helmut müssen 20 Minuten warten.

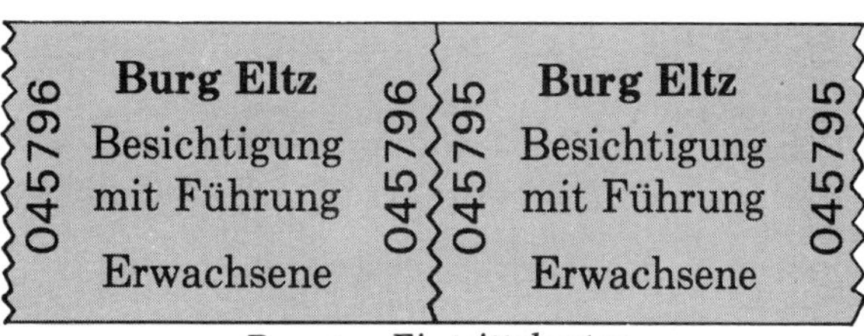

Renates Eintrittskarten

Übung 4 Stell die richtige Frage.

1

?DM

2

3

DM ?
DM

4

5

6

„Eine Rheinfahrt, die ist lustig"

Am Kiosk

Monika: Wann fährt das nächste Schiff nach Rüdesheim?

Angestellter: Um zehn Uhr fünfzehn.

Monika: Und wann kommt es in Rüdesheim an?

Angestellter: Um dreizehn Uhr zehn.

Monika: Was kostet die Rundfahrt?

Angestellter: Fünfundzwanzig Mark für Erwachsene. Kinder von vier bis vierzehn Jahren bezahlen die Hälfte.

Monika: Gibt es Gruppenermäßigung?

Angestellter: Ja, für Gruppen ab fünfzehn Personen gibt es 20% Prozent Ermäßigung.

Monika: Wir sind zwanzig Personen – zwölf Erwachsene und acht Kinder.

Angestellter: Also zweihundertvierzig Mark für die Erwachsenen und achtzig Mark für die Kinder. Das macht dreihundertzwanzig Mark.

Monika: Bitte sehr.

Angestellter: Danke schön und achtzig Mark zurück.

Monika: Wo müssen wir warten?

Angestellter: Dort drüben.

Monika: Danke schön. *(zur Gruppe)* Kommt! Wir müssen Schlange stehen.

Wir müssen Schlange stehen.

Die KD – Flotte besteht aus vier Großmotorschiffen, sieben Motorschiffen und einem Dampfer. Der Dampfer heißt Goethe.

Loreley – ein Großmotorschiff

Übung 5 Bilde Dialoge wie Monika auf Seite 50.

Arbeite mit einem Partner oder einer Partnerin zusammen.

	(a)	(b)
Du:	? Koblenz	? Boppard
Partner(in):	10.30	11.45
Du:	? Koblenz	? Boppard
Partner(in):	12.20	14.10
Du:	*? DM*	*? DM*
Partner(in):	DM 15,00	DM 20,00
Du:	DM ? DM	DM ? DM
Partner(in):	ab 20/20%	ab 30/25%
Du:	24	4 +40
Partner(in):	DM 288,00	DM 680,00
Du:	?	?

Übung 6 Welche Antwort paßt?

1. Wann fährt das nächste Schiff nach Bingen ab?
2. Was kostet die Rundfahrt?
3. Gibt es Gruppenermäßigung?
4. Gibt es Kinderermäßigung?
5. Wo müssen wir warten?

A Ja, sie bezahlen die Hälfte.

B Um die Ecke.

C Um halb neun.

D Einundzwanzig Mark.

E Ja, für Gruppen ab zwölf Personen.

Übung 7 Wortschlangen

Wie viele Wörter kannst du finden?

1 KASSEINTRITTSKARTERWACHSENEINTRITTSPREISE

2 AUSWEISTADTBESICHTIGUNGESCHLOSSENÄHE

3 SCHÜLERERMÄSSIGUNGEÖFFNETURMBESTEIGUNG

4 SCHLANGESTEHENÄCHSTEFÜHRUNGIBTÄGLICH

P

Eine Fahrt mit der Seilbahn in Rüdesheim

Viele Leute aus dem Inland und Ausland besuchen Rüdesheim am Rhein. Die meisten steigen mit der Seilbahn zum Niederwalddenkmal hinauf, machen eine Schiffsfahrt auf dem Rhein und besuchen eine Burgruine.

An der Kasse

Monika: Was kostet eine Fahrt mit der Seilbahn?

Beamter: Berg- und Talfahrt?

Monika: Ja.

Beamter: Sechs Mark.

Monika: Gibt es Kinderermäßigung?

Beamter: Ja, es kostet drei Mark für Kinder von 5 bis 13 Jahren. Wie viele sind Sie?

Monika: Zwölf Erwachsene und acht Kinder.

Beamter: Das macht sechsundneunzig Mark.

Monika: Bitte sehr.

Beamter: Danke schön und vier Mark zurück.

Seilbahn Rüdesheim

Fahrpreise

Erwachsene	
Berg- und Talfahrt	DM 6,00
Einfache Fahrt	DM 4,00
Kinder von 5 - 13 Jahren	
Berg- und Talfahrt	DM 3,00
Einfache Fahrt	DM 2,00

„Über den Reben schweben"

Übung 8 Unten sind vier Antworten. Bilde die Fragen dazu.

1. Sechs Mark.
2. Nein, einfache Fahrt.
3. Ja, Kinder bezahlen die Hälfte.
4. Zwölf Erwachsene und acht Kinder.

130939
Kabinen-Seilbahn
Rüdesheim-Niederwald
u. zurück
Fahrpreis
nach Tarif
130939

die Fahrkarte

Eine Fahrt mit dem Sessellift in Boppard

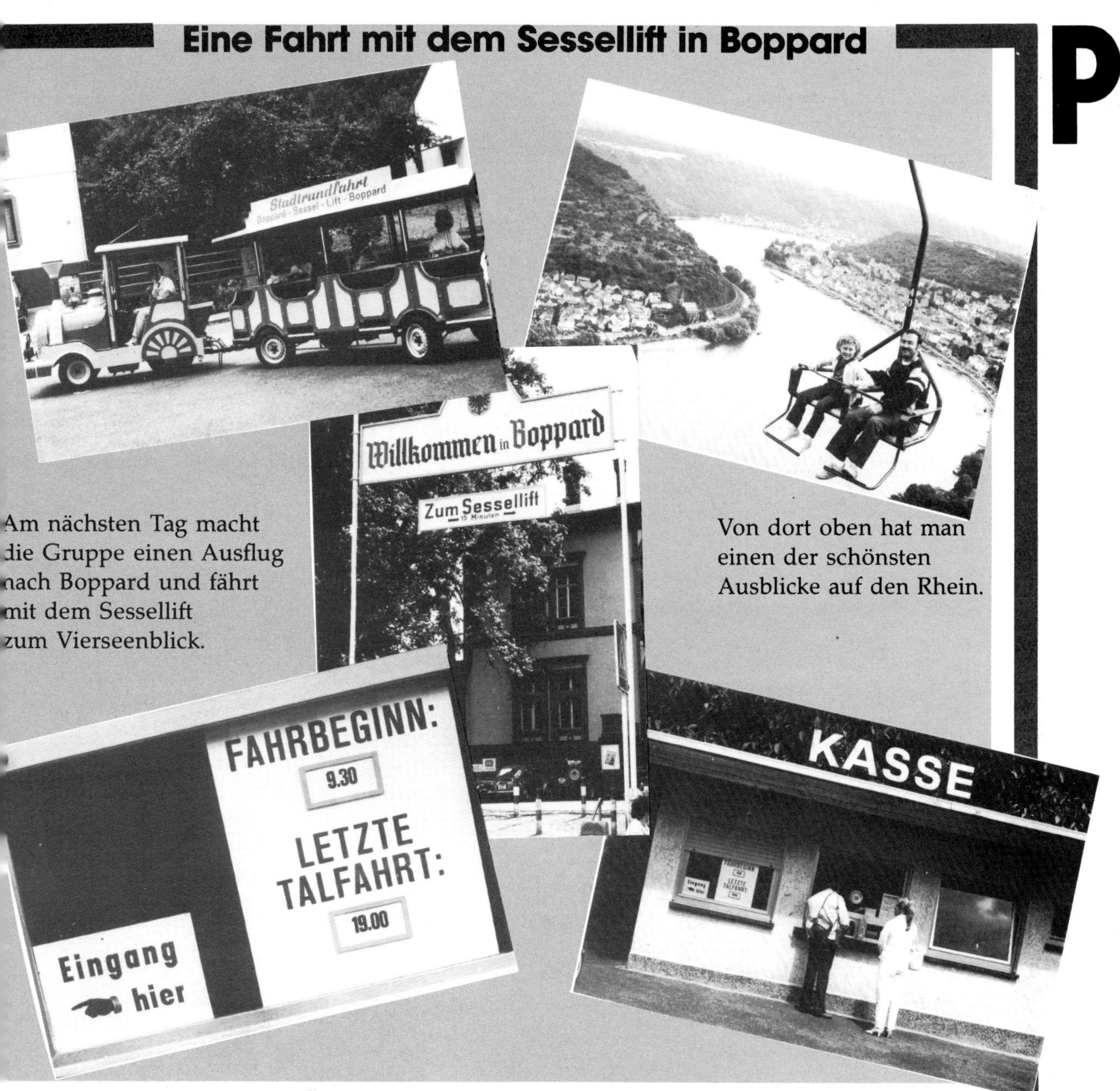

Am nächsten Tag macht die Gruppe einen Ausflug nach Boppard und fährt mit dem Sessellift zum Vierseenblick.

Von dort oben hat man einen der schönsten Ausblicke auf den Rhein.

P

Übung 9 **Monika geht zur Kasse.**

Stell dir den Dialog vor!

Du bist Monika.
Dein(e) Partner(in) ist Beamter.

Bopparder Sesselbahn KG
Fahrschein
Preis lt. Tarif
Bergfahrt Talfahrt
78485
Beckerbillett Hamburg
Diese Karte hat 3 Tage Gültigk. für Kleiderschäden wird nicht gehaftet.

Fahrpreise	
Erwachsene	
Berg- und Talfahrt	DM 6,00
Einfache Fahrt	DM 4,50
Kinder unter 14 Jahren	
Berg- und Talfahrt	DM 4,00
Einfache Fahrt	DM 2,00

P

Wann ist die nächste Was kostet die/eine	Besichtigung? Turmbesteigung? (Gruppen) führung? Rundfahrt?

Gibt es	Gruppen- Schüler- Kinder-	ermäßigung?

Ja,	für Gruppen	ab	zwölf	Personen.
	für Kinder	bis	vierzehn	Jahre.

Wo Wie lange	muß ich müssen wir	warten?

Dort drüben in der Schlange.		
Du mußt Ihr müßt Sie müssen	etwa zehn Minuten dort drüben	warten.

Schloßberg-Seilbahn
Freiburg i. Br. – Stadtgarten

FAHRPREISE

Hin- und Rückfahrt	
Erwachsene	DM 4.50
Kinder 4-14 Jahre	DM 3.–
Studenten, Schüler, Rentner Gesellschaften ab 10 Personen	DM 3.50
Einfache Fahrt	
Erwachsene	DM 2.80
Kinder 4-14 Jahre	DM 1.80
Studenten, Schüler, Rentner Gesellschaften ab 10 Personen	DM 2.50
10 Hin- oder Rückfahrten	
Erwachsene	DM 20.–
Studenten, Schüler, Rentner	DM 17.–

Aufsichtführende Lehrkräfte, Reiseleiter und Busfahrer haben freie Fahrt.
Kinderwagen und Hunde werden nach Möglichkeit mitgenommen.

In Boppard sind die vielen schönen Wanderwege durch die Weinberge und Wälder besonders beliebt.

Überall in Deutschland gibt es Wanderwege.
Die Deutschen wandern gern.

Nach der Wanderung geht die Gruppe zur Kirmes.

Kirmes der Heersträßer Nachbarschaft
Festprogramm

Sonntag, 4. August	Eröffnung der Kirmes mit Tanz
Montag, 5. August 10.00 Uhr	Konzert auf dem Marktplatz
11.00 Uhr	Sonderfahrt mit Sonderzug
13.00 Uhr	Schiffsfahrt auf dem Rhein
16.30 Uhr	Spiel und Spaß für Kinder
19.00 Uhr	Tanz
22.30 Uhr	Feuerwerk

Eine Kirmes ist eine Art Jahrmarkt.

Überall gibt es Jahrmärkte und Kirmessen, besonders im Rheinland. Die Deutschen feiern gern.

P

Renate und Helmut machen eine Schiffsfahrt auf der Mosel

Am Kiosk

Helmut: Wie oft fährt das Schiff?

Fräulein: Alle neunzig Minuten bis vierzehn Uhr und dann alle fünfundsiebzig Minuten.

Helmut: Wann ist die nächste Rundfahrt?

Fräulein: Um elf Uhr.

Helmut: Und was kostet die Rundfahrt?

Fräulein: Sechs Mark pro Person.

Helmut: Zweimal bitte.

Fräulein: Danke schön und acht Mark zurück.

Übung 10

Sieh dir den Dialog und die Fotos an und beantworte die Fragen.

1. Wie lange dauert die Rundfahrt?
2. Was muß Helmut bezahlen?
3. Wieviel müssen Kinder bezahlen?
4. Wo kann man Auskunft und Fahrkarten bekommen?
5. Wie heißt das Schiff?
6. Was gibt es an Bord?
7. Wo gibt es noch Erfrischungen?
8. Es ist drei Uhr. Wann ist die nächste Rundfahrt

Übung 11 Bilde Dialoge wie Helmut auf Seite 56.

Arbeite mit einem Partner oder einer Partnerin zusammen.

1

Rundfahrt		
10.00	10.45	11.30
12.15	13.00	13.45
Fahrpreis DM 5,00		

2

Rundfahrt		
14.00	14.30	15.00
15.30	16.00	16.30
Fahrpreis DM 4,50		

3

Rundfahrt		
09.00	11.00	13.00
15.00	17.00	19.00
Fahrpreis DM 7,25		

Kannst du diese Schilder verstehen?

1

2

PH HEBEL-LINIE BOPPARD
Rundfahrt Dauer 1 Stunde
FAHRPLAN
8^{45} 10^{00} 11^{30} 13^{00}
14^{15} 15^{45} 17^{00} 18^{00}
An Sonn. u. Feiertagen zusätzl. Fahrten!
9^{30} 11^{00} 12^{30} 13^{45} 15^{00} 16^{20} 17^{30}

3

TÄGLICH
Romantische
LORELEYFAHRT
mit Motorschiff
"THEODOR HEUSS" oder
"GERMANIA"
Abfahrt hier 15.15 Uhr
zurück 16.45 UHR

Fahrpreis	einfach	hin u. zurück
Erwachsene	DM 6.00	DM 8.00
Kinder	DM 3.00	DM 4.00

NACH BACHARACH, ASSMANNSHAUSEN, BINGEN, RÜDESHEIM
ABFAHRT 16.45 UHR

4

5

BINGEN-RÜDESHEIMER
Rundfahrten
Kaffeefahrten · Abendfahrten
mit Musik und Tanz
TEL. 06721/14140

Wie oft fährt	die Seilbahn	?
Wann fährt	der Dampfer	ab ?
Wann kommt	das Schiff	an?

Alle	zwanzig zwei	Minuten. Stunden.
Um neun Uhr.		

P

Eines Tages fährt Martin mit seiner Familie zu einem berühmten See in der Nähe von Freiburg. Martin und sein Bruder wollen auf dem See rudern.

Am Bootsverleih

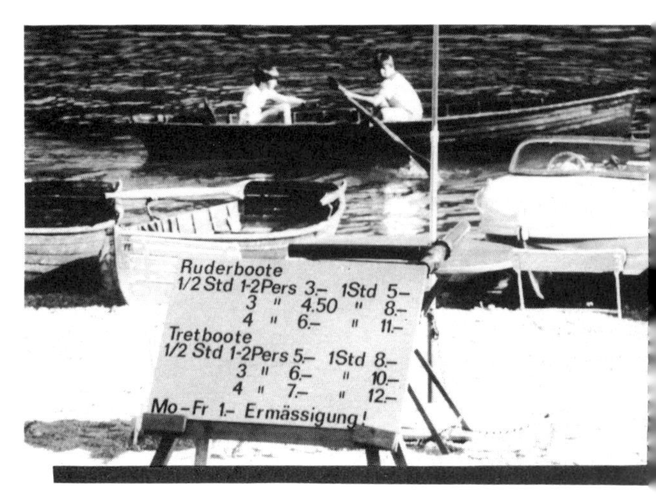

Martin: Was kostet eine Fahrt mit einem Ruderboot?

Frau: Fünf Mark pro Stunde oder drei Mark für eine halbe Stunde.

Martin: Dann möchten wir ein Ruderboot für eine halbe Stunde.

Frau: Für zwei Personen?

Martin: Ja.

Frau: Drei Mark.

Martin: Bitte schön.

Frau: Danke schön und zwei Mark zurück.

Übung 12

Sieh dir das Foto (unten rechts) an und bilde Dialoge wie Martin.

Arbeite mit einem Partner oder einer Partnerin zusammen.

Wo bekommst du die Karten?

Ein Tretboot

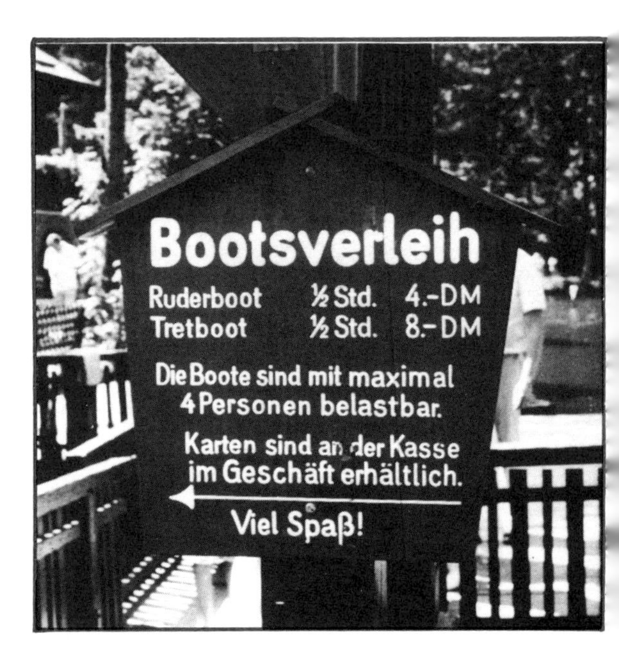

Übung 13

Arbeite mit einem Partner oder einer Partnerin zusammen.

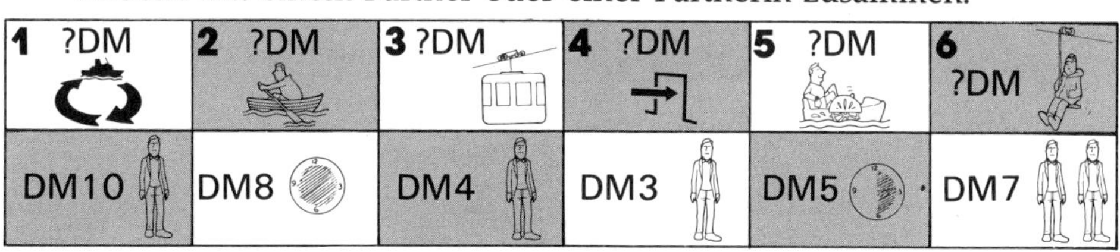

Du:	1 ?DM	2 ?DM	3 ?DM	4 ?DM	5 ?DM	6 ?DM
Partner(in):	DM10	DM8	DM4	DM3	DM5	DM7

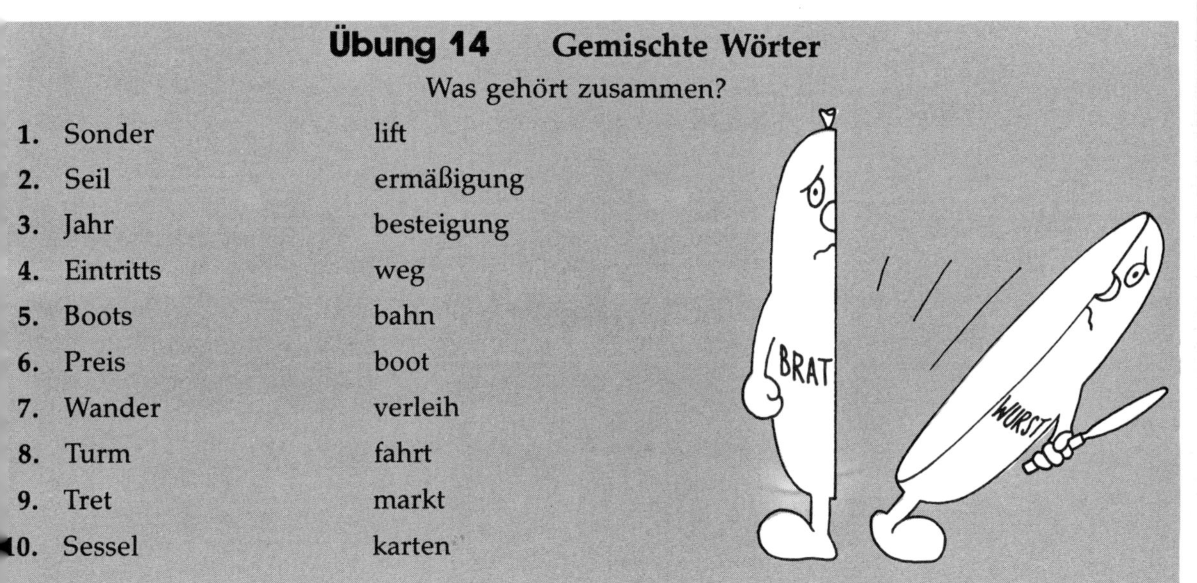

Übung 14 Gemischte Wörter

Was gehört zusammen?

1.	Sonder	lift
2.	Seil	ermäßigung
3.	Jahr	besteigung
4.	Eintritts	weg
5.	Boots	bahn
6.	Preis	boot
7.	Wander	verleih
8.	Turm	fahrt
9.	Tret	markt
10.	Sessel	karten

Übung 15 Welches Wort gehört nicht dazu?

1. Dampfer Schiff Wanderweg Ruderboot
2. Führung Ermäßigung Besichtigung Turmbesteigung
3. Kirmes Fest Jahrmarkt Bergfahrt

Was kostet	eine Fahrt	mit	einem Ruderboot? einem Tretboot? dem Sessellift? der Seilbahn?
	der Eintritt?		

Das kostet drei Mark	pro	Person. Stunde.
	für	zwei Personen. eine halbe Stunde.

P

Kannst du diese Schilder und Anzeigen verstehen?

A

PH HEBEL-LINIE BOPPARD

modern, zuverlässig und preiswert

Fahrten auf dem Rhein, der Lahn und Mosel

nach Rüdesheim

dienstags und mittwochs Abfahrt 10.30 Uhr
samstags + sonntags nach Bekanntg. Abfahrt 11.45 Uhr.
Abfahrt und Fahrplan an der Städt. Anlegestelle.

Lahn- und Mosel-Fahrten ab St. Goar am Hebel-Steiger.

Außerdem Sonderfahrten für Betriebe und Vereine nach Wahl.

Bordrestauration und Erklärung der Rheinlandschaft auf allen Schiffen.

Anfragen und Auskünfte:

Philipp Hebel oHG, Rheinallee 35, 5407 Boppard, **Telefon 06742/2420**

E

Fröhliche Schiffstouren mit den großen KD-Schiffen

Täglich von Ostern bis Ende Oktober bringen die großen, weißen KD-Schiffe Sie zu den schönsten Ausflugszielen am Rhein. Kommen Sie mit und erleben Sie einige unbeschwerte Stunden bei uns an Bord.

Beliebte und stark verbilligte Tagesrückfahrten nach Rüdesheim, Koblenz und Boppard. Außerdem interessante Sonderprogramme wie Musikfahrten, Loreley-Fahrt, Rund um den Niederwald - mit und ohne Rundflug -, Vierseenblicktour, u.v.m. Verlangen Sie den Sonderprospekt bei der KD-Agentur oder im Reisebüro. Kaffeefahrten nach Assmannshausen, Boppard und Bacharach.

Jugendgruppen, Busgruppen, Kegelclubs, Gäste von DJH-Jugendgästehaus, sowie Kolpinghaus auf Schönburg, erhalten Sonderpreise.

Auskunft und Fahrscheine an der KD-Anlegestelle Oberwesel, Rheinpromenade,
Tel. (06744) 229 a.D. 306

KD Köln-Düsseldorfer

Die Lorelei

2 Die schönste Jungfrau sitzet
dort oben wunderbar;
ihr gold'nes Geschmeide blitzet,
sie kämmt ihr gold'nes Haar;
sie kämmt es mit goldenem Kamme
und singt ein Lied dabei,
das hat eine wundersame,
gewaltige Melodei.

3 Den Schiffer im kleinen Schiffe
ergreift es mit wildem Weh;
er schaut nicht die Felsenriffe,
er schaut nur hinauf in die Höh';
ich glaube, die Wellen verschlingen
am Ende Schiffer und Kahn;
und das hat mit ihrem Singen
die Lorelei getan.

Wenn man an diesem Felsen vorbeifährt, kommt das berühmte Lied über die Lautsprecheranlage des Schiffes.

Wie geht's?

Christine ist erkältet.
Sie sucht einen Arzt.

Gisela ist krank.
Sie sucht eine Apotheke.

Günther hat Zahnschmerzen.
Er sucht einen Zahnarzt.

Herr Fischer ist verletzt.
Er sucht ein Krankenhaus.

Ich bin Er ist Sie ist	krank. erkältet. verletzt.

Wo finde ich	einen Arzt? einen Zahnarzt? eine Apotheke? ein Krankenhaus?

Q

Übung 1 Stell die richtige Frage.

1

2

3

4

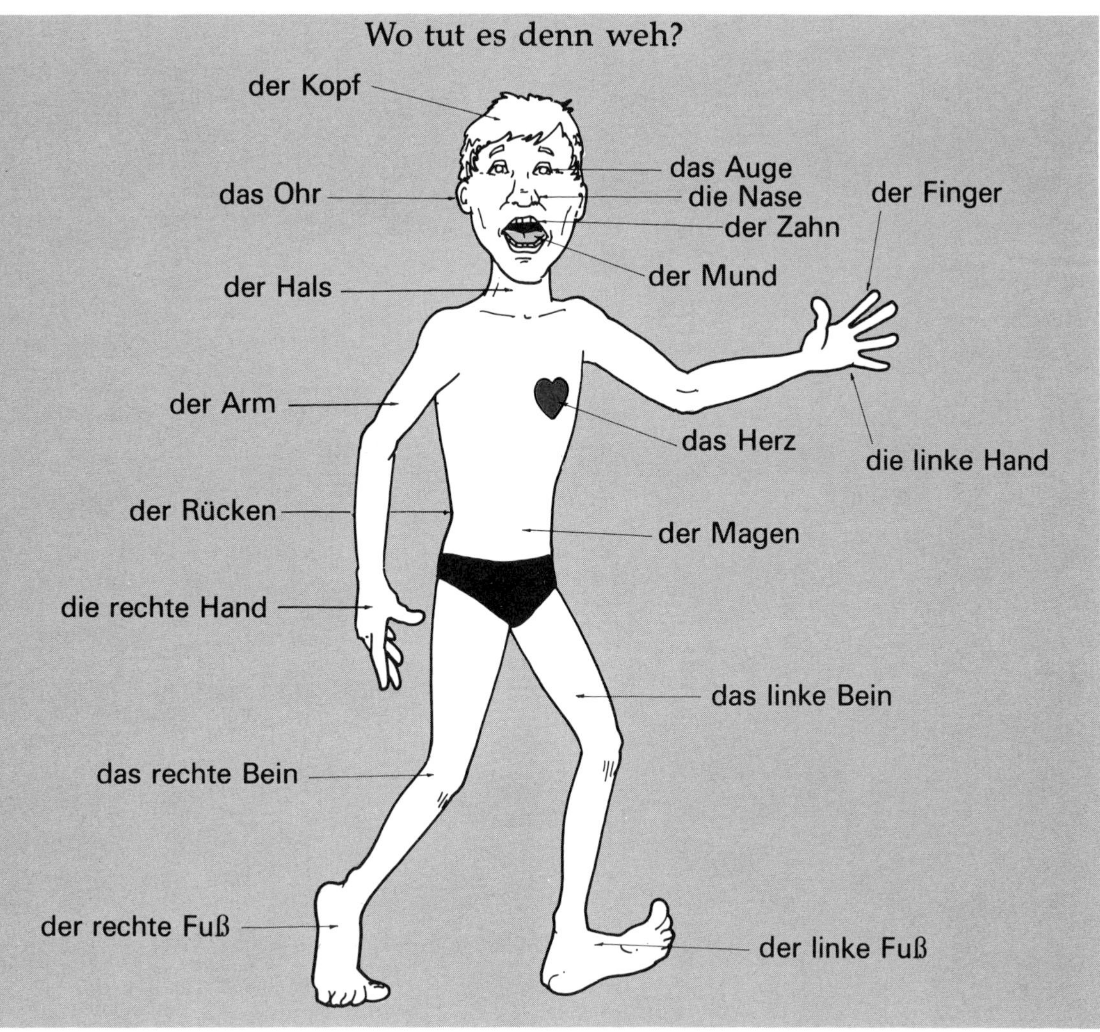

Übung 2 Was tut dir weh?

Arbeite mit einem Partner oder einer Partnerin zusammen.

Beispiel

Partner(in):	Was tut dir weh?
Du:	Der Kopf usw. tut mir weh.

Q

Wo tut es weh?

Wo tut es weh?	Wo tut es dir / Ihnen weh?	Wo tut es ihm weh? →	Wo tut es ihr weh? →
der rechte Arm die rechte Hand das rechte Bein die Augen	mein rechter Arm meine rechte Hand mein rechtes Bein meine Augen	sein rechter Arm seine rechte Hand sein rechtes Bein seine Augen	ihr rechter Arm ihre rechte Hand ihr rechtes Bein ihre Augen

Übung 3 Wo tut es weh?

(a) Wo tut es dir weh?
Wo tut es ihm weh?

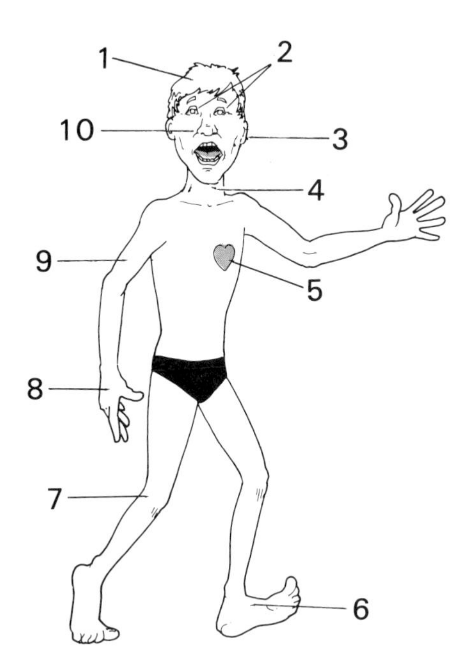

(b) Wo tut es dir weh?
Wo tut es ihr weh?

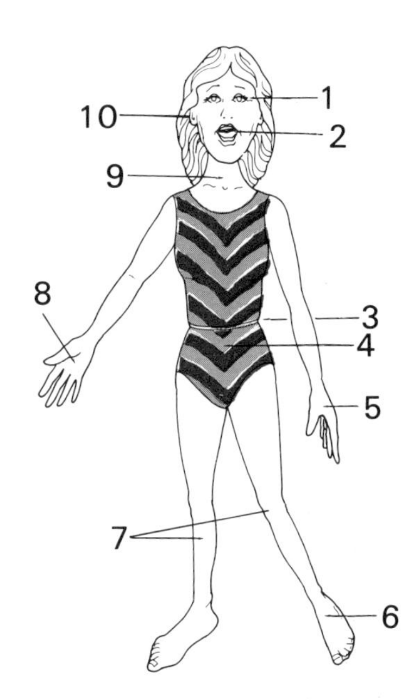

Was tut Wo tut es	(dir/Ihnen) (ihm) (ihr)	weh?

Mein Sein Ihr	Kopf Mund Hals Rücken Herz Finger		tut	weh.
	linker rechter	Arm Fuß		
	linkes rechtes	Bein Ohr Auge		
Meine Seine Ihre	linke	Hand		
	Nase			
Meine Seine Ihre	Arme Füße Beine Ohren Augen		tun	

Was fehlt dir?

Auf der Straße

Frau Engel: Guten Tag, Christine!

Christine: Guten Tag, Frau Engel!
Wie geht es Ihnen?

Frau Engel: Danke, gut. Und dir?

Christine: Nicht so gut.

Frau Engel: Was fehlt dir?

Christine: Ich bin erkältet
und mein Hals tut weh.

Frau Engel: Du hast vielleicht eine Grippe.
Geh am besten zum Arzt!

Christine: Ja, eine gute Idee.

Frau Engel: Also, gute Besserung!

Christine: Danke schön. Auf Wiedersehen!

Frau Engel: Auf Wiedersehen!

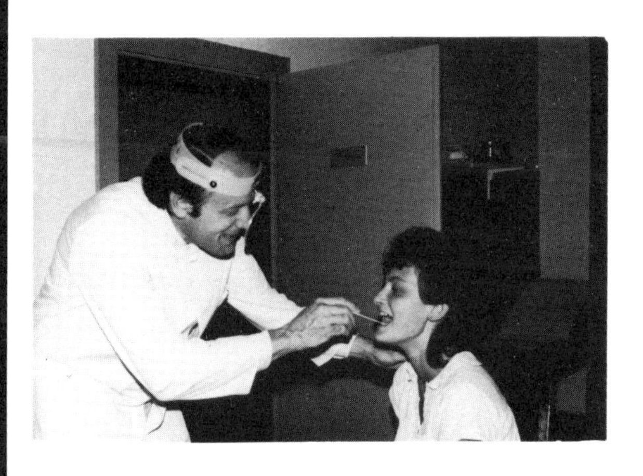

Beim Arzt

Dr. Bauer: Guten Tag! Ihr Name bitte?

Christine: Ich heiße Christine Taylor.

Dr. Bauer: Woher kommen Sie?

Christine: Ich komme aus England.

Dr. Bauer: Na, was fehlt Ihnen denn?

Christine: Ich habe eine Erkältung
und mein Hals tut weh.

Dr. Bauer: Lassen Sie mal sehen!
Ja, Ihr Hals ist sehr rot.
Haben Sie Fieber?

Christine: Ja.

Dr. Bauer: Sie haben eine Grippe. Sie müssen zwei Tage im Bett bleiben. Hier ist ein Rezept. Nehmen Sie die Medizin dreimal täglich nach dem Essen! Haben Sie einen Krankenschein?

Christine: Ja . . . Bitte schön.

Dr. Bauer: Danke schön. Auf Wiedersehen!

Christine: Danke auch. Auf Wiedersehen!

Im Postamt (*Fünf Tage später*)

Frau Engel: Tag! Wie geht's?

Christine: Es geht mir besser, danke.
Wie geht es Ihnen?

Frau Engel: Gut, danke.

Übung 4 Beantworte die Fragen.

1. Was fehlt Christine?
2. Warum muß sie im Bett bleiben?
3. Wie lange muß sie im Bett bleiben?
4. Wie oft muß sie die Medizin nehmen?
5. Was gibt sie dem Arzt?

Übung 5 Was ist richtig, was ist falsch?

Verbessere die falschen Sätze.
(Sieh dir das Foto an.)

Dr. med. K.H. Kietzmann
Hals-Nasen-Ohrenarzt

Sprechstunden

Mo.	Di.	Mi.	Do.	Fr.	Sa.
9-12		9-12	9-12		9-11
15-18	15-18		15-18	15-18	

1. Herr Doktor Kietzmann ist Augenarzt.
2. Am Dienstag und Freitag Morgen hat er keine Sprechstunde.
3. Er hat montags, mittwochs, donnerstags und samstags von neun bis zwölf Uhr Sprechstunde.
4. Die Sprechstunden sind montags bis freitags von fünfzehn bis achtzehn Uhr.
5. Seine Sprechstunden sind täglich außer Sonntag.

Wie geht es	dir/Ihnen? ihm? ihr?	(Es geht mir) (Es geht ihm) (Es geht ihr)	nicht so gut. besser, gut,	danke.

Was fehlt	dir/Ihnen? ihm? ihr?	Ich habe Er hat Sie hat	eine Erkältung. (eine) Grippe.

Hast du Haben Sie Hat er Hat sie	Fieber? einen Krankenschein?	Du mußt Sie müssen Er muß Sie muß	einen Tag zwei Tage eine Woche	im Bett bleiben

Q

In der Apotheke

Apotheker: Guten Morgen! Bitte schön?

Gisela: Guten Morgen! Haben Sie etwas gegen Kopfschmerzen?

Apotheker: Ja, bitte schön. Nehmen Sie diese Tabletten zweimal täglich nach dem Essen.

Gisela: Danke. Ich brauche auch Heftpflaster.

Apotheker: Ja, bitte schön. Sonst noch etwas?

Gisela: Nein danke. Was macht das?

Apotheker: Das Heftpflaster zwei Mark fünfzig und die Tabletten vier Mark neunzig. Das macht zusammen sieben Mark vierzig.

Gisela: Bitte schön.

Apotheker: Und zwei Mark sechzig zurück.

Hansaplast

10 Strips
2 Größen

robust

Heftpflaster

Übung 6 Was ist richtig, was ist falsch?

Verbessere die falschen Sätze.

1. Gisela geht zum Arzt.
2. Ihr Kopf tut weh.
3. Sie muß die Tabletten zweimal täglich vor dem Essen nehmen.
4. Sie braucht noch Heftpflaster.
5. Das Heftpflaster kostet DM 4,90.

Übung 7 Was sagst du in der Apotheke?

Q

Arbeite mit einem Partner oder einer Partnerin zusammen.

Beispiel

Partner(in):	Guten Tag! Kann ich Ihnen helfen?
Du:	Ich brauche etwas/Tabletten/Medikamente/eine Arznei gegen . . .

1	2	3	4	5
?				?

BARMER
ERSATZKASSE

Krankenschein für **ärztliche** Behandlung

Unfälle, Berufskrankheiten, Kriegs- und Wehrdienstbeschädigungen bitte sofort der Kasse mitteilen.

Mitglied	Name, Vorname	Geburtsdatum
Mitgliedsnummer	Straße, Nr., Postleitzahl, Wohnort	
Ehegatte ☐ Kind ☐ sonstiger Angehöriger ☐	Name, Vorname	Geburtsdatum
zuständige BEK-Geschäftsstelle	Datum, Unterschrift des Mitgliedes	

Auch im Krankheitsfall –
Die Barmer: schnell, vorteilhaft, bequem

ein Krankenschein

Haben Sie	etwas	gegen	Kopf-	schmerzen. (?)
	Tabletten		Magen-	
	Medikamente		Hals-	
Ich brauche	eine Arznei		Zahn-	
	Heftpflaster. (?)			

Nimm Nehmen Sie	die Tabletten die Medizin	zweimal dreimal	täglich	nach vor	dem Essen.

Q

Beim Zahnarzt

Günther: Guten Tag!
Kann ich bitte den Zahnarzt sprechen?

Sprechstundenhilfe: Guten Tag.
Haben Sie Zahnschmerzen?

Günther: Ja.

Sprechstundenhilfe: Tut mir leid. Heute geht es nicht.
Kommen Sie morgen um neun Uhr wieder.

Günther: Ja, danke.

Sprechstundenhilfe: Oh Moment!
Ihr Name bitte?

Günther: Günther Braun.

Dr. C. Wendling
Zahnarzt
Dr. A. Schäfer-Wendling
Zahnärztin

Sprechstunden nach Vereinbarung
Mo.-Fr. 9^{00}-12^{00} Uhr
Mo., Di., Do. 14^{00}-17^{00} Uhr

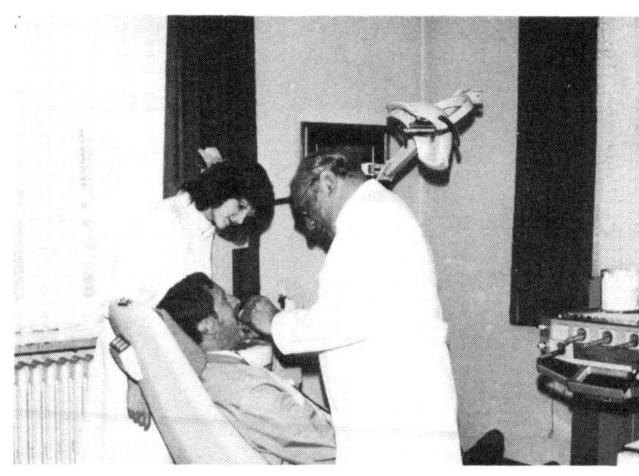

Günther kommt morgen wieder.

Übung 8

Sieh dir den Dialog und das Foto an und beantworte die Fragen.

1. Warum geht Günther zum Zahnarzt?
2. Wann kann er den Zahnarzt sprechen?
3. Wie heißt der Zahnarzt?
4. Wie heißt seine Frau?
5. Wann sind die Sprechstunden?
6. Wann gibt es keine Sprechstunde?
7. Was bedeutet „nach Vereinbarung"?

Kann	ich er sie	den	Arzt Zahnarzt	sprechen?

Heute geht es nicht.
Kommen Sie morgen wieder.

Übung 9 **Was fehlt diesen Leuten und was sagen sie?**

Herr Doktor, Herr Doktor, ich bin so krank!

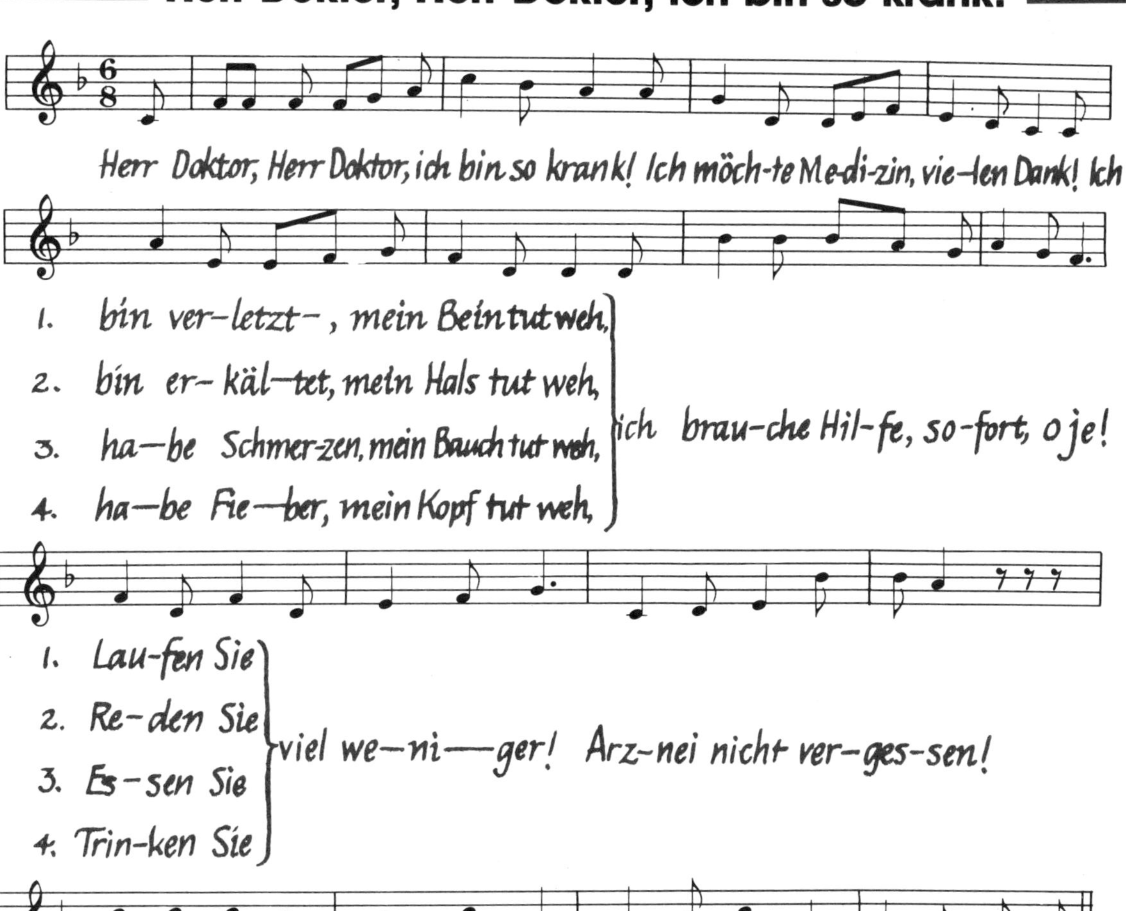

Notfälle

Auf der Straße

Hannelore: Oh, ein Autounfall, wie furchtbar.

Herr Fischer: Mein Rücken tut weh.
Bitte holen Sie einen Krankenwagen und die Polizei!

Hannelore: Ja, natürlich.

Auf dem Campingplatz

Werner: Feuer! Feuer!

Angestellter: Wo denn?

Werner: Im Wohnwagen dort drüben.
Holen Sie schnell die Feuerwehr!

Angestellter: Jawohl.

Bitte holen Sie	einen	Arzt! Krankenwagen!
	die	Polizei! Feuerwehr!

FEUERWEHR - Hebel nach links bewegen

NOTRUF - Hebel nach rechts bewegen
(Polizei)
(Krankenwagen)

Übung 10 Stell die richtige Frage.

1

2

3

4

Übung 11 Gemischte Wörter

Was gehört zusammen?

1. Not	barung
2. Sprech	fall
3. Dienst	ruf
4. Verein	bereit
5. Un	stunden

Übung 12 Wortschlangen

Wie viele Wörter kannst du finden?

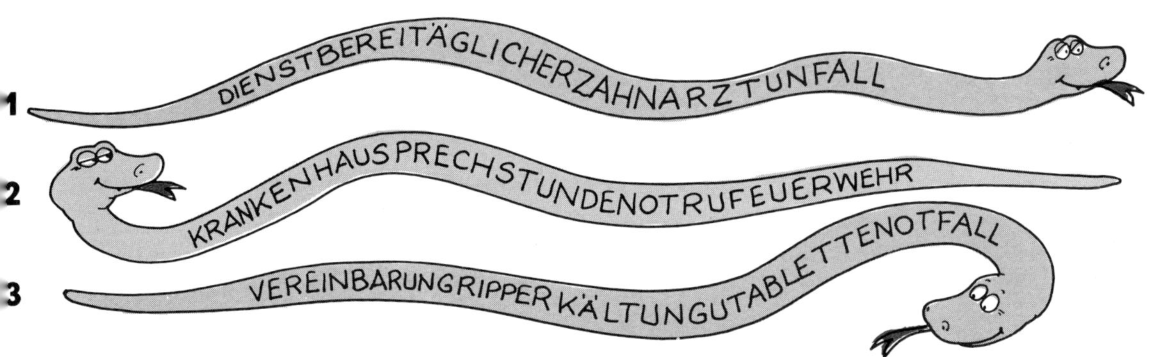

Wichtige Rufnummern	
NOTRUF	*110*
FEUERWEHR	*112*

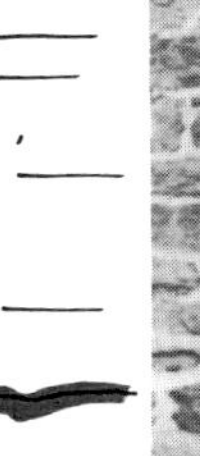

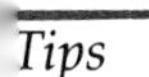

Tips

* Nummer wählen
* Namen und Adresse angeben
* den Namen buchstabieren
* die Krankheit oder den Unfall beschreiben

Hilfe kann man auch über eine Notrufsäule anfordern.

Hat es geschmeckt?

In einem Restaurant

Frau Schmidt: Guten Tag. Ist hier noch frei, bitte?

Kellner: Ja, ich komme gleich . . .
Sie wünschen?

Frau Schmidt: Zweimal Wiener Schnitzel mit Kartoffeln und Karotten.

Kellner: Und zu trinken?

Frau Schmidt: Ein großes Bier für den Herrn und ein Glas Mineralwasser für mich. . .

Kellner: Bitte schön. Guten Appetit! . . .
Was möchten Sie als Nachtisch?

Frau Schmidt: Eine Portion Käse für den Herrn und ein Erdbeereis für mich . . .

Kellner: Bitte sehr . . .

Frau Schmidt: Herr Ober! Zahlen bitte!

Kellner: Ja, hat es Ihnen geschmeckt?

Frau Schmidt: Ja, prima!

Übung 1 Was ist richtig, was ist falsch?

Verbessere die falschen Sätze.

1. Herr und Frau Schmidt sind in einem Schnell-Imbiß.
2. Frau Schmidt ißt Wiener Schnitzel.
3. Herr Schmidt ißt ein halbes Hähnchen.
4. Als Gemüse essen sie Kartoffeln und Karotten.
5. Frau Schmidt trinkt ein großes Bier.
6. Herr Schmidt trinkt ein Mineralwasser.
7. Als Nachtisch ißt Herr Schmidt eine Portion Käse.
8. Frau Schmidt ißt eine Portion Obst.
9. Sie trinken eine Tasse Kaffee.
10. Das Essen hat Herrn und Frau Schmidt geschmeckt.

Mineralwasser

Ein kleines und ein großes Bier

Getränkekarte

Biere		DM
Löwenbräu Edelpils vom Faß	0,3l	2,60
	0,5l	4,00
Flasche Löwenbräu Export	0,3l	2,85
Flasche Löwenbräu Weizen	0,5l	3,85
Weißweine		
Gimmeldinger Meerspinne (Rhein)	0,2l	4,50
Bernkastler Riesling (Mosel)	0,2l	5,50
Gumpoldskirchner (Österreich)	0,2l	5,90
Rotweine		
Kalterer See Auslese (Südtirol)	0,2l	4,90
Beaujolais (Frankreich)	0,2l	6,50

R

Übung 2 Was möchten Sie?

Arbeite mit einem Partner oder einer Partnerin zusammen.

Beispiel

Du:	Ist hier noch frei bitte?
Partner(in):	Ja,. . . Sie wünschen?
Du:	Ich möchte . . .
Partner(in):	Ja, . . .

1 

2

3 

4

5 

Übung 3 Und als Nachspeise?

Arbeite mit einem Partner oder einer Partnerin zusammen.

Beispiel

Partner(in):	Und als Nachspeise?
Du:	Ich möchte . . .
Partner(in):	Ja, . . .

1 

2 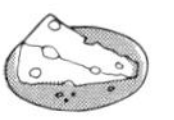

3 

4 

5 

<table>
<tr><td rowspan="4">Ich möchte</td><td>ein kleines
ein großes</td><td colspan="3">Bier.</td></tr>
<tr><td>ein Glas</td><td colspan="3">Mineralwasser.
Sprudel.</td></tr>
<tr><td>einmal
zweimal</td><td>Wiener Schnitzel
Hähnchen</td><td>mit</td><td>Kartoffeln.
Karotten.
Salat.</td></tr>
<tr><td>eine Portion</td><td colspan="3">Obst.
Käse.</td></tr>
</table>

Was möchten Sie als	Nachspeise? Nachtisch?

Übung 4 Dialogspiele

Dein(e) Partner(in) ist Kellner. Du bist Frau Schmidt. Bestell für dich und deinen Mann.

Frau Schmidt: 

Kellner: Ja, ich komme gleich . . . Sie wünschen?

Frau Schmidt: *(a)* 2×  *(b)* 2×

Kellner: Und zu trinken?

Frau Schmidt: *(a)*  *(b)* 

Kellner: Bitte schön. Guten Appetit! . . .
Was möchten Sie als Nachtisch?

Frau Schmidt: *(a)* + *(b)* 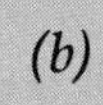 + 

Kellner: Bitte sehr . . .

Frau Schmidt: ? DM

Kellner: Hat es Ihnen geschmeckt?

Frau Schmidt: 

(c) Mach so viele verschiedene Dialoge wie möglich. Bestell, was du für deinen Mann und dich möchtest.

Wiener Schnitzel mit Kartoffeln und Salat

R

R

Im Hotel Restaurant Turm

Herr Knieb: Guten Morgen. Ich möchte einen Tisch für zwei Personen.

Kellnerin: Ja, bitte schön. Setzen Sie sich an diesen Tisch. Sie wünschen?

Herr Knieb: Ein Spiegelei mit Erbsen und Bohnen für mich und eine Suppe mit Brot für die Dame.

Kellnerin: Und zu trinken?

Herr Knieb: Ein kleines Bier und ein Glas Sprudel.

Kellnerin: Bitte sehr. Guten Appetit! . . .
Was möchten Sie als Nachspeise?

Herr Knieb: Eine Portion Obstsalat für die Dame und noch ein kleines Bier für mich . . .
Fräulein! Zahlen bitte!

Kellnerin: Das macht einundzwanzig Mark.

Herr Knieb: Ist das mit Bedienung?

Kellnerin: Ja, Bedienung ist inbegriffen.

R

Übung 5 Beantworte die Fragen.

(Sieh dir den Dialog auf Seite 78 an.)

1. Wo sind Herr und Frau Knieb?
2. Was ißt Frau Knieb mit der Suppe?
3. Was für Gemüse ißt Herr Knieb?
4. Was trinken sie?
5. Was ißt Frau Knieb als Nachspeise?
6. Was trinkt Herr Knieb noch?
7. Was kostet es?
8. Ist das mit Bedienung?
9. Wie heißt das Restaurant?

Übung 6 Was möchtest du?

Arbeite mit einem Partner oder einer Partnerin zusammen.

Beispiel

Du:	Ich möchte einen Tisch für zwei Personen.
Kellner(in):	Ja, hier ist noch frei.
Du:	Ich möchte zweimal . . .
Kellner(in):	Ja, zweimal . . .

1 2×
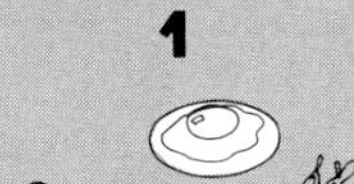
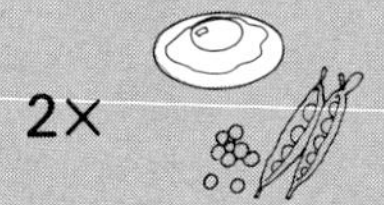

2 2×

3 2×

4 2×

5 2×

Übung 7 Sonst noch etwas?

Arbeite mit einem Partner oder einer Partnerin zusammen.

Beispiel

Kellner(in):	Sonst noch etwas?
Du:	Ja, noch ein(e) . . .

6

7

8

9

10

<table>
<tr><td colspan="6">Ist hier noch frei, bitte?
Ich möchte einen Tisch für zwei Personen.</td></tr>
<tr><td rowspan="2">Noch</td><td colspan="3">ein großes Bier
ein kleines Bier
eine Tasse Kaffee
zwei Tassen Tee
eine Cola</td><td rowspan="2">für</td><td rowspan="2">mich.
den Herrn.
die Dame.</td></tr>
<tr><td>ein Spiegelei

eine Suppe</td><td>mit</td><td>Erbsen
Bohnen
Brot</td></tr>
<tr><td colspan="6">Ist das mit Bedienung? 10%?</td></tr>
</table>

Übung 8 Dialogspiele

Dein(e) Partner(in) ist Kellnerin. Du bist Herr Knieb. Bestell für dich und deine Frau.

Herr Knieb: 

Kellnerin: Ja, bitte schön. Setzen Sie sich an diesen Tisch.
Sie wünschen?

Herr Knieb: *(a)*  + 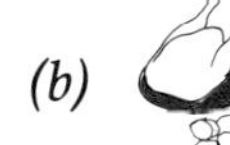 *(b)* +

Kellnerin: Und zu trinken?

Herr Knieb: *(a)*  *(b)* 

Kellnerin: Bitte sehr. Guten Appetit! . . .
Was möchten Sie als Nachspeise?

Herr Knieb: *(a)*   *(b)*  

? DM

Kellnerin: Das macht dreißig Mark.

Herr Knieb: 10%?

Kellnerin: Ja, ist inbegriffen. Bitte an der Kasse zahlen.

(c) Mach so viele verschiedene Dialoge wie möglich. Bestell, was du für deine Frau und dich möchtest.

R

Restaurant «Alt Berlin» im Phantasialand

Frühstückskarte (von 9.00-11.00)

1 Kännchen Kaffee oder Tee, 2 Brötchen, Butter, Marmelade und 1 Ei	5,50
1 Kännchen Kaffee oder Tee, 2 Spiegeleier oder Rühreier auf Toast oder Brötchen	6,00
Großes Holländer-Frühstück 1 Kännchen Kaffee oder Tee, 2 Brötchen, 1 Scheibe Graubrot, 1 Scheibe Schwarzbrot, Butter, Marmelade, 1 Ei, Käse, Wurstaufschnitt	9,00
Kleines Frühstück 1 Orangensaft, 1 Spiegel- oder Rührei auf Toast	4,00

Preise inkl. MwSt. und Bedienung

Übung 9 Was ist richtig, was ist falsch?

Verbessere die falschen Sätze.

1. Das Restaurant ist im Phantasialand.
2. Man kann Brötchen und Marmelade essen.
3. Orangensaft kostet vier Mark.
4. Man kann Eier essen.
5. Man kann ein großes Holländer-Frühstück um zwölf Uhr essen.
6. Man kann Kaffee und Kuchen bestellen.
7. Mehrwertsteuer und Bedienung sind nicht inbegriffen.

Ich möchte	ein Ei. zwei Eier. Brötchen. Marmelade.

R

Übung 10 Was möchtest du zum Frühstück?

Arbeite mit einem Partner oder einer Partnerin zusammen.

Beispiel

Du: Ich möchte ...

Kellner(in): Ja, ...

Im Restaurant »Alt Berlin«

Vier junge Leute bestellen.

Kellner: Guten Morgen. Sie wünschen?

Sabine: Wir möchten einmal Kaffee, zwei Brötchen, Butter, Marmelade und ein Ei, einmal Kaffee und zwei Spiegeleier mit Brötchen und zweimal Orangensaft und Rührei auf Toast ...

Kellner: Bitte sehr. Guten Appetit! ...

Sabine: Herr Ober! Zahlen bitte.

Kellner: Ja, zusammen oder getrennt?

Paul: Getrennt.

Sabine: Nein, nein, dieses Mal zahle ich, denn heute habe ich Geburtstag. Zusammen bitte, Herr Ober.

Kellner: Das macht zusammen DM 19,50.

Sabine: Also, zwanzig Mark, das stimmt so.

Übung 11 Dialogspiele

Arbeitet in Gruppen von vier oder fünf Personen zusammen. Eine Person ist Kellner(in). Die anderen sind Kunden und bestellen von der Frühstückskarte auf Seite 82. Ihr dürft zusammen oder getrennt zahlen.

Gasthof Krone

Fam. Uhl

- Gutbügerliches Speiselokal
- Moderne Fremdenzimmer
- Großer Parkplatz

Speisekarte

Mittagessen (11.30-15.00)

Menü 1 DM18,00
Champignoncremesuppe
* * *
Rindfleisch mit Bratkartoffeln,
Gurken- oder Tomatensalat
* * *
Kompott mit Sahne

Menü 2 DM16,00
Tomatensuppe
* * *
Schweinebraten mit Reis,
Kopfsalat und Pilzen
* * *
Schwarzwälder Kirschtorte

Menü 3 DM12,00
Mexikanische Bohnensuppe
* * *
Deutsches Beefsteak mit
Pommes Frites und Blumenkohl
* * *
Gemischtes Eis

Menü 4 DM14,00
Gemüsesuppe
* * *
Eisbein mit Salzkartoffeln,
Sauerkraut oder gemischtem Salat
* * *
Obstkuchen mit Sahne

Menü 5 DM10,00
Aufschnitt mit Kartoffelsalat
Erdbeertorte mit Sahne

Bedienung und Mehrwertsteuer inklusive

Übung 12 Beantworte die Fragen.

1. Du hast nur zwölf Mark. Was kannst du bestellen?
2. Du kommst mit deinem Bruder zum Gasthof Krone. Ihr habt nur vierundzwanzig Mark. Was könnt ihr bestellen?
3. Du ißt keine Kartoffeln. Was bestellst du?
4. Du möchtest Eisbein essen. Was für eine Suppe bekommst du?
5. Du möchtest Rindfleisch essen. Was für eine Nachspeise bekommst du?
6. Kann man Menü 4 um neun Uhr essen?
7. Was für Gemüse bekommt man zum Beefsteak?
8. Was für Salat bekommt man zum Rindfleisch?
9. Was für Fleisch bekommt man zu den Salzkartoffeln?
10. Ist Bedienung inbegriffen?

Familie Schulz im Gasthof Krone

R

Herr Schulz: Guten Tag. Ist hier noch frei?

Kellner: Guten Tag, meine Herrschaften. Ja, hier ist noch frei. Was wünschen Sie?

Herr Schulz: Bringen Sie bitte die Speisekarte und die Getränkekarte . . .

Kellner: Haben Sie schon gewählt?

Herr Schulz: Ja, Rindfleisch mit Bratkartoffeln und Tomatensalat für mich und Schweinebraten für die Dame.

Karl: Menü 3 für mich.

Kellner: Und für das Fräulein?

Jutta: Ich möchte Eisbein mit Salzkartoffeln und Salat, bitte.

Kellner: Und zu trinken?

Herr Schulz: Ein Glas Rotwein, ein Glas Weißwein und zwei Glas Apfelsaft . . .

Kellner: Für wen ist der Schweinebraten? Für die Dame?

Herr Schulz: Jawohl, für sie (*er zeigt auf seine Frau*).

Kellner: Und das Beefsteak? Für den jungen Herrn?

Herr Schulz: Ja, für ihn (*er zeigt auf Karl*).

Kellner: Und das Eisbein für das Fräulein, und das Rindfleisch für Sie.

Herr Schulz: Jawohl, Rindfleisch für mich.

Kellner: Guten Appetit wünsche ich Ihnen!

Frau Schulz: Aber Herr Ober, wir brauchen Salz und Pfeffer.

Karl: Und ich möchte auch Senf und Essig.

Kellner: Ja, einen Moment bitte.

Ich komme gleich.
Haben Sie schon gewählt?
Hat es geschmeckt?
Zusammen oder getrennt?

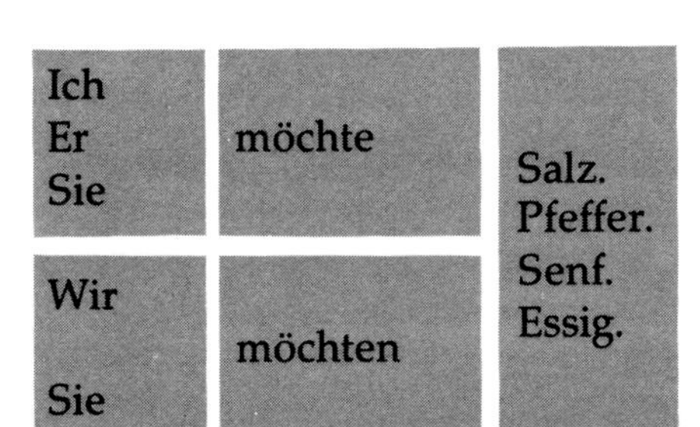

Ich Er Sie	möchte	Salz. Pfeffer. Senf. Essig.
Wir Sie	möchten	

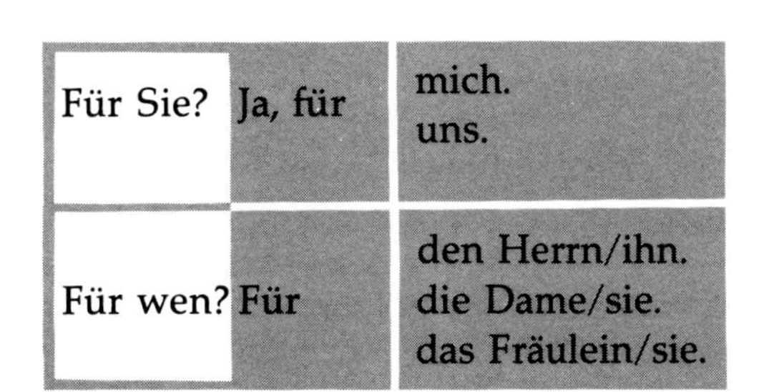

Für Sie?	Ja, für	mich. uns.
Für wen?	Für	den Herrn/ihn. die Dame/sie. das Fräulein/sie.

Übung 13 Für wen?

Beispiel

(a) Eine Tasse Kaffee für das Fräulein.
(b) Noch eine Tasse Kaffee für sie.

1 2 3 4 5 6

Übung 14 Setz die fehlenden Wörter ein.

(Schreib nicht ins Buch.)

Zum Frühstück ißt man in Deutschland oft ______ mit Butter und ______. Und manchmal ißt man auch dazu ein ______, Käse oder ______. Man trinkt oft ______ mit ______ oder ______.

Zum Abendessen ißt man meistens verschiedene Arten von Wurst, ______, ______ und ______. Man trinkt oft ______ oder ______.

Übung 15 Gemischte Wörter

Was gehört zusammen?

1. Blumen
2. Nach
3. Rind
4. Auf
5. Schweine
6. Eis
7. Salz
8. Getränke

fleisch
bein
karte
kohl
kartoffeln
braten
speise
schnitt

Deutscher Wein – einzig unter den Weinen

Übung 16 Welches Wort gehört nicht dazu?

Antwort: ______ gehört nicht dazu.

1. Rindfleisch Schweinebraten Eisbein Ei
2. Mineralwasser Sprudel Apfelsaft Weißwein
3. Champignons Blumenkohl Aufschnitt Tomaten
4. Wiener Schnitzel Käse Hähnchen Beefsteak
5. Pilze Kompott Käse Obst
6. Erbsen Bohnen Brötchen Kartoffeln
7. Gemüse Getränke Nachspeisen Salate
8. Reis Salz Pfeffer Senf
9. Bratkartoffeln Rühreier Pommes Frites Salzkartoffeln
10. Speisekarte Weinliste Menü Essig

Übung 17 Dialogspiele

Arbeite mit einem Partner oder einer Partnerin zusammen.

Du:

Kellner: Jawohl! Sie wünschen?

Du:

Kellner: Und zu trinken?

Du:

Kellner: Und als Nachspeise?

Du:

. . . .

Kellner: Sonst noch etwas?

Du: [*Getränk oder Nachspeise*] +1 | ? DM |

Übung 18 Alles ist durcheinander auf dieser Speisekarte.

Kannst du alles in Ordnung bringen?

EISKRATESEP

Suppen
Blumenkohl
Sprudel

Fleisch
Kompott
Pilze
Schweinebraten

Gemüse und Salate
Aufschnitt
Tomatensuppe
Apfelsaft

Nachspeisen
Eisbein
Gurkensalat

Getränke
Champignoncremesuppe
Obstsalat

Übung 19 Wohin gehören diese Etiketten?

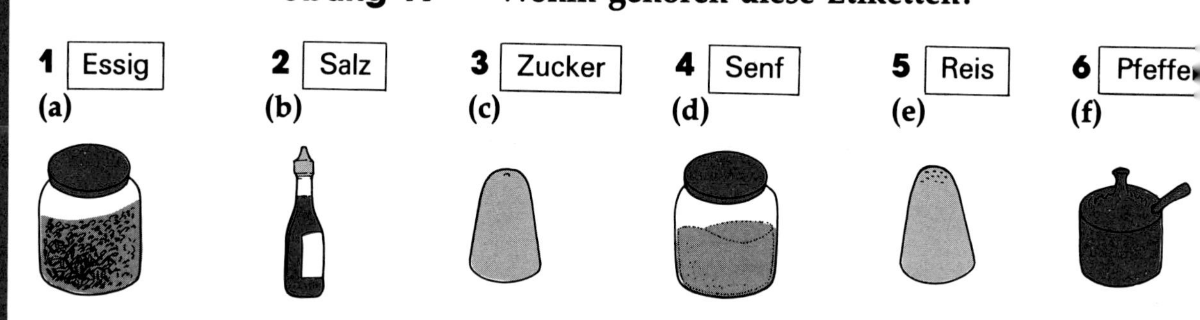

Übung 20 Kannst du mich raten?

Mein erster Buchstabe ist in Essig und in Senf,
mein zweiter ist in Champignons, aber nicht in Pilze,
mein dritter ist in Brötchen, aber nicht in Brot,
mein vierter ist in Erbsen, Karotten und Bohnen,
mein fünfter ist in Aufschnitt, aber nicht in kalter Platte,
mein sechster ist in Nachtisch, aber nicht in Nachspeise,
mein siebter ist in Zucker, Zitrone und Salz,
mein achter ist in Käse, aber nicht in Kompott,
mein neunter ist in Blumenkohl, aber nicht in Gemüse.

Mein Ganzes kommt aus Wien und schmeckt einfach toll!

Kochen macht Spaß

Ein Rezept für Wiener Schnitzel

Du brauchst ein Kalbsschnitzel, das so dick wie ein Bleistift ist und 120 – 150 Gramm wiegt.

1. *Das Schnitzel flachklopfen und die Ränder einschneiden.*

2. *Das Schnitzel mit Salz bestreuen und dann in Mehl, zerschlagenem Ei und Paniermehl wenden.*

3. *Das Schnitzel ins heiße Öl legen und auf jeder Seite ungefähr $1\frac{1}{2}$ Minuten backen.*

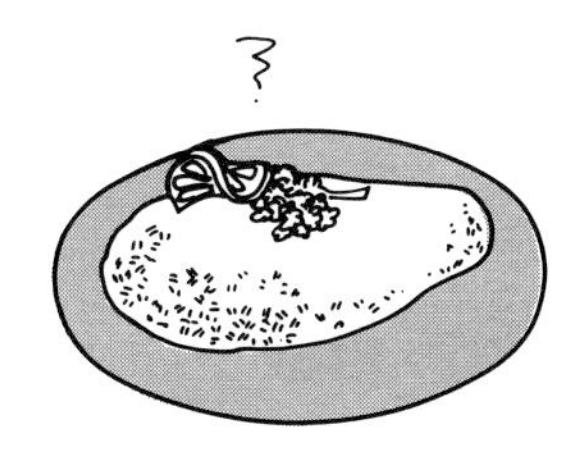

4. *Das fertige Schnitzel aus dem Öl heben und mit Petersilie und einer Zitronenscheibe servieren.*

Übung 21 Kastenrätsel

Die ersten Buchstaben, von oben nach unten gelesen, ergeben einen sehr bekannten Ausdruck.

1. _ _ _ _ _ _ _ Man kann hier essen und wohnen.
2. _ _ _ _ _ _ zu trinken?
3. _ _ _ _ _ Eine _ _ _ _ _ Kaffee.
4. _ _ _ _ _ _ _ _ _ _ Eine Eissorte.
5. _ _ _ _ Ja oder _ _ _ _?
6. _ _ _ _ _ _ _ _ _ Ein Obstgetränk.
7. _ _ _ _ _ Was das Essen kostet.
8. _ _ _ _ _ _ _ Eine _ _ _ _ _ _ _ Pommes Frites.
9. _ _ _ _ _ _ _ _ _ _ _ _ _ Hier kann man essen und trinken.
10. _ _ _ Kaffee oder _ _ _?
11. _ _ _ _ _ _ _ _ _ _ Ein Schnell-Imbiß.
12. _ _ _ _ _ Ein _ _ _ _ _ für zwei Personen.

R

Hat es geschmeckt?

Hoffentlich hat dieses Buch geschmeckt!